LA RELIGION AU LYCÉE

Ont collaboré à ce volume

Régine AZRIA
Danièle HERVIEU-LÉGER
Gilles KEPEL
Patrick MICHEL
Maddy NOIN LEDANOIS
Jean-Paul WILLAIME

Sous la direction de
DANIÈLE HERVIEU-LÉGER

LA RELIGION AU LYCÉE

Conférences au lycée Buffon
1989 - 1990

« L'histoire à vif »

LES ÉDITIONS DU CERF
29, bd Latour-Maubourg, Paris
1990

ISBN 2-204-04222-6
ISSN 0299-2833

INTRODUCTION

LA RELIGION À L'ÉCOLE ?

par Maddy NOIN LEDANOIS*

L'idée de lancer une série de conférences sur les religions au lycée Buffon est partie d'un constat. Lors d'entretiens avec des élèves devant être orientés vers la filière arts plastiques, j'ai pu me rendre compte de l'ignorance presque complète de certains fondements de la culture européenne. Les élèves avaient quelques vagues notions de la mythologie grecque, mais ne connaissaient à peu près rien de la Bible. Comment pouvaient-ils saisir le sens des textes littéraires et des œuvres d'art du passé sans un minimum de références au texte biblique ou à la religion chrétienne ? Mon étonnement fut à son comble lorsqu'un élève interpréta un martyre de saint Sébastien percé de flèches peint par Andrea Mantegna comme une victime des Indiens lors de la conquête de l'Ouest américain !

D'une façon plus générale, comment des jeunes de notre temps peuvent-ils comprendre certains des événements abondamment rapportés par les media avec une telle méconnaissance des diverses cultures le plus souvent à base religieuse, entre lesquelles se partagent les populations du monde ?

---

* Proviseur du lycée Buffon, Paris.

Comment peuvent-ils saisir les manifestations parfois violentes de l'intégrisme observé dans quelques pays musulmans, les passions et les actions notées dans divers pays d'Europe contre l'Islam et les communautés islamiques, ou encore les manifestations d'antisémitisme observées à l'ouest comme à l'est de l'Europe depuis quelques années ?

Tous ces événements suscitent chez eux des questions, mais ils ne trouvent pas les réponses dans l'enseignement dispensé par le système scolaire.

Le phénomène religieux, en effet, n'est pas abordé à l'école laïque. Que celui-ci soit vif, qu'il ait beaucoup reculé ou qu'il revienne en force, il ne peut pourtant être ignoré. Il marque profondément de son empreinte les systèmes de pensée, les habitudes, la vie sociale et la culture dans de nombreux pays tandis qu'ailleurs, il a laissé de très nombreuses traces. Tout en étant moi-même non croyante, il m'a paru regrettable que ce phénomène fut ignoré. Il m'a semblé qu'il méritait d'être étudié à la fois comme fait social et comme fait culturel.

Dans un établissement laïc, ouvert à tous les courants d'idées et fréquenté par des élèves venant d'horizons divers, il ne pouvait évidemment être abordé que dans un esprit de tolérance. Cette attitude, léguée par le siècle des Lumières, ne cesse de faire des progrès, mais elle est encore loin de s'être imposée dans tous les milieux, même dans les sociétés les plus avancées. Je cherchai donc le moyen de traiter les problèmes soulevés par les diverses expressions du phénomène religieux dans un esprit de compréhension ne provoquant, a priori, aucun rejet de la part d'élèves catholiques, protestants, juifs, musulmans, non croyants ou athées.

Je saisis la chance d'avoir, parmi les parents d'élèves s'occupant activement de la vie du lycée, Danièle Hervieu-Léger, éminente spécialiste de la sociologie des religions. Elle a accepté avec enthousiasme l'idée d'un cycle de conférences sur les religions, faites, pour la citer, selon une « approche qui ne parle ni de l'intérieur de la croyance, ni contre elle », et considérant celles-ci comme des produits de société. Un accord fut établi avec les deux Associations de parents d'élèves sur l'idée d'une étude de la « religion à l'école » destinée aux élèves des classes de seconde, première, terminale et préparatoires aux grandes écoles. Le Fonds d'aide à l'innovation pédagogique du rectorat de Paris a fourni son concours. Grâce à l'entremise de

Danièle Hervieu-Léger, d'autres spécialistes, universitaires et chercheurs du CNRS, acceptèrent de se lancer dans cette aventure. Ils réussirent brillamment. Les conférences ont vivement intéressé les élèves du lycée et nombre de leurs professeurs, notamment d'histoire et de philosophie. Du début à la fin, il y eut une grande qualité d'écoute.

Il n'était pas possible de tout traiter, car le sujet était extrêmement ample et parce qu'il convenait de donner à ce cycle de conférences une dimension raisonnable. Finalement six thèmes ont été retenus : la religion et la modernité : (Danièle Hervieu-Léger), le judaïsme (Régine Azria), le catholicisme (Danièle Hervieu-Léger et Patrick Michel), le protestantisme (Jean-Paul Willaime), l'islam (Gilles Kepel), sectes et nouveaux mouvements religieux (Danièle Hervieu-Léger).

Ces conférences auraient pu en rester là si des professeurs d'histoire et d'instruction civique n'avaient décidé de les prolonger. Dans l'état d'esprit qui avait présidé à leur organisation, ils mirent sur pied des projets d'action éducative[1] sur le thème « Vous avez dit tolérance ? » De nombreux élèves, environ 250, ont été concernés par des investigations, enquêtes et études sur la tolérance du XVIe au XXe siècle. La question des libertés a été étudiée en détail : liberté de pensée, liberté de culte, liberté de réunion et d'association, liberté de la presse. Individuellement ou surtout par équipes, ils travaillèrent sur la signification et l'évolution de la tolérance et de l'intolérance, sur l'acceptation de l'autre et sur le racisme : les recherches ont porté sur la France, l'Allemagne, l'Europe de l'Est et les États-Unis selon les classes et les programmes. Des dossiers furent élaborés sur la Révolution française et la Déclaration des Droits de l'Homme à partir de textes de Condorcet et de l'abbé Grégoire.

Les conférences sur les religions faites au lycée Buffon d'octobre à mars 1990 ont été extrêmement positives. Elles ont mis les élèves en prise avec quelques-uns des problèmes importants de notre temps. Elles ont été bien accueillies au lycée et elles ont reçu un écho favorable dans les familles, mais aussi dans la presse. Elles ont été prolongées au lycée même dans des actions pédagogiques. Puisqu'elles sont désormais publiées, souhaitons qu'elles aient maintenant des prolongements au-dehors.

---

1. Système d'aide aux enseignants mis en place par le rectorat.

RELIGION ET MODERNITÉ

par Danièle HERVIEU-LÉGER*

Parler religion à l'école

Nous inaugurons aujourd'hui la première séance d'une série de conférences qui va s'étendre tout au long de l'année (plus exactement jusqu'aux vacances de printemps), et qui s'intitule « *Religion et Société* ». Cette entreprise a quelque chose d'inédit, et avant d'entrer dans le vif de notre sujet, il vaut la peine de s'arrêter un instant sur les raisons qui, précisément, font l'originalité de cette opération.

C'est une chose complètement acquise, en effet, que dans le cadre de l'école publique, on ne parle pas de religion. Bien sûr, les enseignements d'histoire, de littérature, de philosophie ou de langues font leur part aux faits religieux : comment parler du Moyen Age sans parler de l'Église. Comment étudier *Don Juan* ou *Candide* sans faire état des conflits religieux qui y sont évoqués ? Comment aborder Descartes, Pascal, Kant ou Marx sans s'attarder sur les fondements théologiques de leur vision philosophique ? Comment retracer les origines de la nation américaine sans évoquer les Pilgrim Fathers ? Mais pour autant, l'étude des systèmes religieux comme tels ne fait pas partie des pro-

* CNRS, Paris.

grammes (sauf quelques développements brefs, sur l'islam par exemple, en classe de cinquième), pas plus que la situation de la religion dans une société comme la nôtre.

De temps en temps, les professeurs s'alarment du manque de connaissances des élèves sur ces sujets ; ou bien des événements exceptionnels (comme l'affaire Rushdie, par exemple) obligent à braquer le projecteur sur la place du fait religieux dans les différentes sociétés : et l'on entend toutes sortes de discours sur la nécessité de mieux préparer les élèves à comprendre ces phénomènes. Les institutions religieuses suggèrent alors qu'elles sont les mieux placées pour remplir cette tâche, et soulignent que dans la plupart des pays étrangers, l'enseignement religieux est dispensé dans les établissements scolaires. Ces demandes de révision des règles de la laïcité suscitent en retour les inquiétudes des tenants stricts de la neutralité à la française. Et le débat tourne en rond...

Si l'on avance si peu sur cette question, c'est que nous avons l'habitude de raisonner à partir d'idées reçues sur lesquelles il faut s'interroger :

— La première de ces idées reçues est que la religion est un thème qu'il n'est pas possible d'aborder avec objectivité et distance : le croyant est censé ne pouvoir parler que de l'intérieur de sa croyance ; le non-croyant est supposé combattre la croyance qu'il ne partage pas. Aucun débat ne peut donc, en ce domaine, échapper aux passions et aux réactions émotionnelles des individus. Pour garder dans l'école un climat de sérénité, il faut donc que les passions se taisent, que chacun réserve l'expression de ses convictions pour l'extérieur et qu'on évite soigneusement d'enflammer la polémique.

C'est là un sage point de vue, qu'il faut préserver. Mais est-ce la seule façon de voir les choses ? Les religions, dans leur diversité, sont des faits de civilisation, qu'on doit pouvoir aborder avec recul, comme n'importe quel autre fait de civilisation. On parle bien, en classe, d'idées politiques ou de philosophies : là aussi, il y a pour chacun des enjeux personnels. Et pourtant, on parvient bien à dissocier, dans l'enseignement, ce qui relève des options personnelles, et ce qui fait la cohérence d'un système de pensées que l'on analyse. Pourquoi serait-ce plus difficile dans le cas de la religion ?

— C'est là qu'intervient une seconde idée reçue, très liée aux circonstances de notre histoire nationale : l'idée selon laquelle la religion est, par excellence, la question qui divise, qui dresse les individus les uns contre les autres. Et il est vrai que le passé de la France, jusqu'à une date récente, témoigne en ce sens. A la Révolution Française s'est instaurée, dans notre culture, une profonde césure : d'un côté, la France d'Ancien Régime, antidémocratique, antirépublicaine et catholique ; de l'autre côté, la France moderne et démocratique, la France de la République et de la libre pensée, la France laïque. Bien sûr, il s'agit d'un schéma un peu abrupt ; mais c'est avec raison que l'historien Émile Poulat a parlé à ce propos de la « Guerre des deux France ». Cette « Guerre » a été, au XIXe et au début du XXe (songez aux conditions dans lesquelles a été votée et mise en œuvre la loi de Séparation entre l'Église et l'État en 1905), une guerre ouverte, à travers laquelle la République s'est progressivement affermie et définitivement installée. Aujourd'hui, les affrontements directs se sont effacés, mais quelques cicatrices demeurent. En tout cas, les traces en sont encore présentes dans la mémoire collective. L'école publique s'est toujours pensée, en référence à ces antagonismes idéologiques, comme l'institution capable de rassembler les jeunes Français et de leur présenter un idéal commun qui leur permettrait de dépasser ces batailles religieuses. C'est ce que voulait signifier la « neutralité » religieuse de l'école : ne pas blesser la conscience des parents et des élèves croyants (c'était une recommandation sur laquelle Jules Ferry insistait beaucoup), mais laisser strictement la religion en dehors de l'école.

Cette conception de la neutralité religieuse de l'institution scolaire s'explique aussi par la situation religieuse de la France. Dans les pays où coexistaient depuis longtemps plusieurs communautés religieuses, le problème s'est posé différemment. La neutralité religieuse de l'école pouvait s'y exprimer par l'instauration du pluralisme des enseignements religieux à l'école : c'est aujourd'hui le cas en Allemagne, par exemple, ou en Belgique, où est prévu en même temps un enseignement de la morale laïque pour les élèves qui n'ont aucune religion. La religion, dans le cas de la France, c'était évidemment le catholicisme, institution dominante dont la puissance pouvait défier l'autorité de l'État, et qui disposait, par ailleurs, de son propre système de formation.

Dans cette situation de face à face entre l'Église et l'État, l'absence de la religion à l'école était une manière de signifier l'indépendance religieuse de la République.

— Cette situation religieuse de la France, avec cette dominance massive du catholicisme, est à l'origine d'une troisième idée reçue, qui joue implicitement dans la façon de traiter le problème religieux à l'école. En France, on admet volontiers que tout le monde, s'il le souhaite, peut avoir accès à une culture religieuse. On postule spontanément que cette demande de culture religieuse est une demande de culture catholique, à laquelle l'Église, massivement présente partout en France, répond de façon adéquate. On considère, en outre, que cette culture catholique, indépendamment même de tout enseignement religieux, imprègne tellement notre environnement (à travers le paysage, l'architecture, l'art, le calendrier, les fêtes, etc.) qu'elle est une espèce de bien commun, un donné de la culture, dont tout le monde, croyant ou non, participe. De fait, un maître d'autrefois pouvait (quelles que soient ses propres orientations religieuses) faire deux hypothèses ; la première était qu'il avait en face de lui une majorité d'élèves catholiques, recevant, hors de l'école, une formation dans leur religion. La seconde était que les autres, par osmose culturelle, avaient accès, de fait, à la culture chrétienne.

Or aujourd'hui, ni l'une ni l'autre de ces hypothèses ne tient : la première parce que l'emprise effective de l'Église catholique sur les Français s'est considérablement amenuisée ; la seconde parce que la France tend aujourd'hui à devenir un pays multiconfessionnel. On évalue à près de 3 millions le nombre actuel des musulmans en France et l'islam est la seconde religion, par le nombre des fidèles, avant le protestantisme et le judaïsme.

Bien sûr, les sondages d'opinion indiquent que 82 % des Français se déclarent toujours catholiques. Mais moins de 10 % d'entre eux ont une pratique religieuse régulière, et le taux des baptêmes, remarquablement stable pendant des décennies, est passé de 92 % en 1960 à 64 % en 1980. Or tous les enfants baptisés ne sont pas catéchisés : autrement dit, l'éducation religieuse a cessé d'être le fait d'une majorité d'enfants. Cette perte de la culture religieuse est rapidement très cumulative. Des parents qui n'ont pas été catéchisés n'assurent plus, ou pratiquement plus, la transmission familiale minimale dont eux-mêmes avaient encore bénéficié.

Concurrencée par d'autres religions, minée de l'intérieur par la montée de l'indifférence religieuse, la culture chrétienne (catholique) demeure un sous-bassement important de notre culture nationale (en particulier dans les domaines éthique et esthétique). Mais elle n'en est plus, comme dans le passé, un axe dur : c'est très exactement ce qu'expriment les enseignants qui constatent, avec stupéfaction, que leurs élèves n'ont pas la moindre idée de ce que peut bien raconter le Nouveau Testament, et a fortiori l'Ancien, alors qu'ils ont appris, en classe, les grands thèmes de la mythologie grecque... Comment enseigner l'événement historique qu'a été la Réforme si les 3/4 des élèves entendent les mots « grâce », « péché », « salut », « rédemption » comme les mots d'une langue étrangère ? J'ai entendu des professeurs d'histoire se poser sérieusement la question et l'un d'eux ajouter : « C'est trop fort, moi qui suis incroyant et qui n'ai jamais suivi d'enseignement religieux, je dois leur faire du catéchisme de base ! »

Que l'inculture religieuse soit une perte pour la culture tout court, tout le monde aujourd'hui en convient, et, encore une fois, cela n'a rien à voir avec le fait de professer pour soi-même telle ou telle conviction religieuse. Là où les choses deviennent plus graves encore, c'est quand l'inculture nourrit l'intolérance. Vous me direz qu'il ne suffit pas d'avoir une culture religieuse pour respecter les convictions d'autrui, et que la culture religieuse peut tout aussi bien nourrir le fanatisme si elle est mise au service d'une conviction elle-même intolérante. C'est parfaitement vrai. Mais à l'inverse, l'inculture indifférente n'est pas une garantie de tolérance si elle alimente une espèce de mépris mou pour tout ce qu'elle ignore, ou si elle favorise la peur de celui qui, en face, affirme hautement sa croyance.

Inutile de préciser que nous n'avons pas l'ambition, à travers ce cycle de conférences, de régler l'ensemble de ces problèmes, d'ampleur considérable ! Mais nous pouvons essayer de montrer deux choses :

— La première, c'est que des lycéens et des professeurs de l'enseignement public, quelles que soient leurs propres opinions religieuses, ont conscience qu'on ne peut pas passer à côté des phénomènes religieux quand il s'agit d'essayer sérieusement de comprendre comment fonctionne le monde contemporain. Le nombre des présents dans cette salle de spectacle indique suffisamment que cette démonstration est déjà faite.

— La seconde, c'est que nous avons tous la conviction qu'il est possible d'aborder ces problèmes avec sérénité, en respectant les convictions de chacun, mais en faisant cet effort d'analyse critique auquel l'école, en tous domaines, doit préparer les élèves.

En face de vous, des sociologues des religions

Quelques remarques enfin sur les gens qui vont venir s'adresser à vous : ils sont tous, soit chercheurs au Centre national de la Recherche Scientifique, soit, dans un cas, professeur d'université. Analyser les phénomènes religieux, c'est leur métier. Parmi eux, il y a probablement des croyants et des non-croyants. Mais, dans l'exercice de leur activité de recherche et d'enseignement, cela n'entre pas en ligne de compte. Ce qui importe pour eux, c'est d'appliquer aux faits religieux les méthodes et les concepts (les instruments de pensée) de la sociologie. En bref, qu'est-ce que cela signifie ? Cela veut dire simplement qu'ils étudient les phénomènes religieux comme des faits sociaux et culturels, et qu'ils cherchent à expliquer ce qu'ils observent en fonction d'autres faits sociaux et culturels. Un exemple : j'ai évoqué, il y a un instant, le fait que la pratique religieuse se situait, dans un pays comme la France, à un niveau inférieur à 10 %. Le prêtre lira ce chiffre avec inquiétude : il se demandera quoi faire et quoi dire pour ramener les fidèles sur le chemin de l'église. L'anticlérical rationaliste verra dans ce chiffre une confirmation de son point de vue selon lequel la religion n'a plus de place (et ne doit pas en avoir) dans un monde gouverné par la raison humaine. Le sociologue ne formulera aucune espèce de jugement de valeur : il essayera de comprendre. Il cherchera, par exemple, ce qu'il en était dans le passé. Il repérera les différences de niveau de pratique selon les régions, et rapprochera ces différences de leur histoire économique, sociale et religieuse. Il effectuera des comparaisons entre la pratique religieuse des campagnes et celle des villes, entre la pratique des ouvriers et celle de la bourgeoisie, entre la pratique des électeurs de droite et celle des électeurs de gauche. Il tentera d'évaluer l'impact de la mobilité sociale et géographique sur la pratique religieuse. Il se demandera si le développement d'une civilisation des loisirs (vacances, départs en week-end, etc.) a modifié les comportements religieux. Il essayera d'établir un lien entre les changements de ces comportements et les transformations des croyances, dans une société de plus en plus dominée par la science et la technique, etc. Autrement dit, il tentera d'établir la carte aussi complète que possible des déterminants sociaux et culturels de la pratique, et celle des attitudes et des comportements sociaux correlés avec tel ou tel type d'attitudes et de comportements religieux. Il s'efforcera enfin d'élucider, en les reliant à toutes ces données, les significations que les acteurs eux-mêmes donnent à leurs propres comportements religieux.

Voilà — très schématiquement dessiné ! — le type de traitement que les sociologues des religions font subir aux phénomènes religieux dont ils s'emparent. Dans cette entreprise, il travaillent en collaboration avec d'autres spécialistes des sciences sociales, en particulier avec des historiens, dont le métier est de suivre ces évolutions à travers le temps, en fonction des données propres aux sociétés du passé.

Cette manière de braquer le projecteur sur les faits religieux en tant qu'ils sont des faits sociaux, et en tant qu'ils jouent un rôle actif dans la vie concrète des sociétés, et en particulier de la nôtre, ne fait pas l'affaire de tout le monde.

Il y a d'abord ceux qui trouvent que c'est faire beaucoup d'honneur à la religion que de lui consacrer autant d'attention scientifique. « Admettons, disent-ils, qu'on étudie la religion des sociétés primitives ou des sociétés du passé. Mais nous sommes, nous, sortis de l'âge religieux. Nous savons que la croyance religieuse est un tissu d'illusions que le progrès de la science ne cesse de défaire. Des chercheurs en sciences sociales pourraient consacrer leurs investigations à des objets plus importants… »

Et puis il y a ceux — des croyants cette fois — qui admettent mal qu'on puisse « réduire » la religion à un ensemble de dimensions sociales et historiques. « Qu'est-ce que vous pouvez connaître de la religion — disent-ils — avec votre arsenal de théories ? On ne comprend bien ce qu'est la religion que de l'intérieur de la foi. Notre expérience religieuse est bien autre chose que tout ce que vous pouvez en dire. Mettez-vous à genoux et priez ! Là peut-être vous pourrez comprendre quelque chose… »

Que peut répondre le sociologue des religions que je suis à ces objections, que certains d'entre vous ont peut-être envie de formuler ?

Aux croyants qui sont heurtés par l'étroitesse de la démarche sociologique, je répondrai que ce « réductionnisme » (que je revendique !) est précisément la façon de délimiter correctement la portée de l'entreprise sociologique. Le sociologue s'attache à une dimension particulière de la religion : sa dimension sociale. Et sous cet angle, rien ne lui échappe : il y a une dimension sociale même de l'expérience religieuse la plus intime (on ne prie pas de la même façon en France et en Inde, si on est professeur d'université ou OS dans une usine, si on est jeune ou vieux, etc.). Mais cette dimension sociale de la religion n'est pas toute la religion. Un psychologue aura, des mêmes phénomènes, une lecture différente de celle du sociologue. Et le théologien, le croyant lui-même qui se situe de l'intérieur de la foi-continuent, chacun à leur manière, d'expliquer et de s'expliquer à eux-mêmes ce qui est en jeu dans leur adhésion religieuse. La sociologie n'épuise pas son objet, elle l'interprète à partir d'un point de vue : celui du social. Si la foi du croyant ne peut pas affronter ce discours qui se donne lui-même pour un discours extérieur à la foi, ne serait-ce pas le signe de sa fragilité ? Si vous êtes vraiment amoureux, les analyses des dimensions sociales du sentiment amoureux et de ses manifestations dans une société donnée ébranleront-ils votre amour ? Si l'engagement croyant est vraiment sérieux, croyez-vous qu'il ait quelque chose à redouter du réductionnisme sociologique, sinon la perspective d'y gagner en lucidité ?

A celui qui nie l'importance des phénomènes religieux dans la vie sociale, j'ai simplement envie de répondre : « Ouvrez un peu les yeux ! Suivez d'un peu plus près l'actualité ! Il ne se passe pas de jour sans que la presse ou la télévision vous présentent des situations ou des événements du monde dans lesquels la religion tient une place centrale... »

Un paradoxe à éclaircir

Mais surtout, j'attirerai l'attention des uns et des autres sur la situation paradoxale de la religion dans une société comme la nôtre :

— D'un côté, nul ne peut nier que les institutions religieuses ont aujourd'hui une importance sociale bien moindre que celle qui a pu être la leur dans le passé. Certes, elles sont toujours présentes sur la scène publique, mais leur capacité de guider les comportements de nos contemporains, en matière politique, économique, éthique, etc., s'est considérablement amenuisée.

Nul n'imagine plus l'Église donnant des consignes directes, en matière de vote par exemple, à ses fidèles : tout au plus elle indiquera, dans certaines circonstances particulières, quel candidat ne saurait en principe recevoir le soutien d'un électeur catholique. Et cette intervention même discrète sera loin de faire l'unanimité chez ses fidèles eux-mêmes. Même dans le domaine éthique, où son influence est censée être plus forte que dans le domaine politique, l'Église ne parvient plus à contrôler les comportements de ses membres : des enquêtes ont montré qu'un très petit nombre de catholiques pratiquants réguliers (moins de 10 %) appliquaient strictement les directives pontificales en matière de contraception. On peut imaginer ce qu'il en est des catholiques pratiquants irréguliers ou détachés... De façon générale, la France se présente comme un pays fortement laïcisé, dans lequel la liberté religieuse reconnue à chacun s'exerce dans la sphère privée, mais où la religion ne constitue plus une dimension fondamentale de la vie sociale et de l'identité collective. J'ai déjà souligné la faiblesse du nombre de ceux qui pratiquent régulièrement leur religion. S'il faut ajouter un autre indice de cette « perte » de la religion dans notre société, on peut examiner les chiffres du clergé catholique en France. C'est un indice important, puisque la survie d'une institution dépend beaucoup de sa capacité de renouveler son personnel permanent. Après la guerre, il y avait environ 46 000 prêtres en France ; ils sont aujourd'hui moins de 28 000. Tout cela semble bien indiquer que notre société est de moins en moins religieuse. Dans notre jargon sociologique, nous disons qu'elle s'est *sécularisée.*

Au-delà du cas français, cette tendance à l'effacement de la religion semble bien être une caractéristique de toutes les sociétés entrées dans la modernité, même si les effondrements sont plus marqués ou plus rapides dans certains pays (la Grande-Bretagne, l'Espagne postfranquiste par exemple) que dans d'autres, comme les États-Unis, où la sécularisation prend la forme d'une érosion plus lente.

La sécularisation est une tendance « lourde » du monde moderne. Mais d'un autre côté, on entend beaucoup parler aujourd'hui de « renouveau religieux », ou de « retour du sacré ». La fameuse formule d'André Malraux « Le XXIe siècle sera religieux ou il ne sera pas » est mise à toutes les sauces par les media, et l'on évoque, pêle-mêle, la poussée de l'islam, le rôle des partis religieux en Israël, la montée des sectes néo-orientales, la vigueur des mouvements charismatiques, la puissance des protestants fondamentalistes aux États-Unis, les succès remportés par Jean-Paul II lors de ses déplacements dans le monde, et le rôle central de la religion dans le processus de la libération des pays de l'Est européen... Comme on le voit ces « renouveaux religieux » ne touchent pas seulement des continents demeurés à l'écart du développement moderne, ils se manifestent partout, et même avec une force particulière dans les pays les plus avancés. C'est des États-Unis qu'est partie, à la fin des années 60, cette vague de la « nouvelle conscience spirituelle » qui a constitué le ferment de ce renouveau religieux dans l'ensemble des pays occidentaux.

Alors, avait-on commis, en parlant de sécularisation, une énorme erreur ? La modernité est-elle incompatible avec la religion, ou bien fait-elle naître de nouvelles manières d'être religieux ? Comment comprendre *en même temps* la perte d'influence des grandes Églises et le succès des « nouveaux mouvements religieux » ? Où en est-on, en France aujourd'hui, du point de vue de la religion ? Perte *ou* renouveau ? Perte *et* renouveau ? Ce sont là des questions qui mobilisent les énergies des chercheurs en sociologie des religions depuis quelques années : elles nous serviront de fil rouge pour dresser, au fil des séances qui vont suivre, *l'esquisse d'un tableau religieux de notre société.* Et nous verrons qu'il nous faudra, pour dresser utilement ce tableau, regarder un peu au-delà de la France, du côté des évolutions à l'œuvre dans d'autres parties du globe, et un peu en deçà du contemporain, en nous tournant vers l'histoire...

La religion perdue des sociétés modernes : quelques notions de base

Pour prolonger cette introduction, je voudrais éclaircir quelques notions auxquelles tous les orateurs risquent de faire, dans la suite de ces conférences, un usage fréquent.

La première est la notion de *modernité* elle-même. C'est un concept très délicat à manier et qui donne lieu à beaucoup de débats philosophiques, historiques et sociologiques. Je m'en tiendrai à quelques idées simples. Ce qui caractérise la modernité, c'est l'affirmation par l'homme de son autonomie, de sa capacité de maîtriser son propre monde et la nature qui l'environne, de sa capacité de créer lui-même le cadre matériel et social dans lequel il vit. L'avancée de la science et de la technique permettent à l'homme moderne de rationaliser le monde : il en découvre les lois et les rouages, et il agit sur ces rouages pour orienter sa propre histoire. Dans ce processus, à l'œuvre en Occident depuis des siècles, l'homme se découvre comme conscience et comme liberté (comme « sujet ») : il échappe à la soumission à ces puissances surnaturelles qu'il croyait voir se manifester mystérieusement à travers les phénomènes naturels. Il entend fixer lui-même les lois et les normes auxquelles il accepte de se référer.

En se plaçant ainsi lui-même au centre de ce monde dont il se rend le maître, l'homme moderne le vide de son mystère : il le « désenchante ». Bien sûr, l'homme moderne ignore encore beaucoup de choses, mais l'avancée de la science doit, en droit, résorber ce qui est encore incompréhensible ou inconnu. Bien sûr, il ne contrôle pas encore tout à fait la nature, mais, en droit, la technique devrait lui permettre de s'en rendre de plus en plus complètement maître : la modernité se développe à partir de ces deux grandes idées motrices. Les hommes modernes s'approprient (ou projettent de s'approprier) les qualités des dieux du passé : l'omniscience et la toute-puissance. Cette « divinisation » de l'homme qui se passe désormais des dieux fait écho à ce que le sociologue allemand Max Weber appelait le « désenchantement » du monde.

Un des aspects de cette modernité désenchantée est la *différenciation des institutions* : la rationalisation du monde se traduit par la dissociation progressive des différentes dimensions de l'existence individuelle et collective, chacune se spécialisant, et s'organisant rationnellement, de façon de plus en plus complexe. Cette proposition ne recouvre rien de très compliqué à comprendre. Dans la société traditionnelle, tous les aspects de la vie — économique, politique, domestique, religieux, artistique, etc. — sont fondus ensemble, imbriqués les uns dans les autres. Aucune sphère d'activité humaine n'a une existence indépendante des autres. La religion est partout, et c'est elle qui assure l'unité de cette vie complètement intégrée. Dans les sociétés modernes, les activités humaines se différencient les unes des autres. Elles s'organisent au travers d'institutions autonomes, dont la plus importante est évidemment l'État. Dans ce mouvement de différenciation des institutions, la religion se trouve progressivement refoulée, comme une dimension particulière de la vie sociale, avec ses propres institutions spécialisées. Elle ne concerne plus l'ensemble du social, elle est une portion du social, et une portion qui tend à être de plus en plus réduite. Je voudrais, pour illustrer cette évolution, vous citer un texte du sociologue français Durkheim, qui résume parfaitement la logique de cette longue trajectoire :

> S'il est une vérité que l'histoire a mis hors de doute — écrit-il dans *De la division du travail social* (paru en 1893) —, c'est que la religion embrasse une portion de plus en plus petite de la vie sociale. A l'origine, elle s'étend à tout ; tout ce qui est social est religieux ; les deux mots sont synonymes. Puis, peu à peu, les fonctions politique, économique, scientifique s'affranchissent de la fonction religieuse, se constituent à part et prennent un caractère temporel de plus en plus accusé. Dieu, si l'on peut s'exprimer ainsi, qui était d'abord présent à toutes les relations humaines, s'en retire progressivement ; il abandonne le monde aux hommes et à leurs disputes. Du moins, s'il continue à les dominer, c'est de haut et de loin.... Sans doute, si cette décadence était, comme on est souvent porté à le croire, un produit original de notre civilisation la plus récente, et un événement unique dans l'histoire des sociétés, on pourrait se demander si elle sera durable ; mais en réalité elle se poursuit d'une manière ininterrompue depuis les temps les plus lointains. [...] L'individualisme, la libre pensée ne datent ni de nos jours, ni de 1789, ni de la Réforme, ni de la scolastique, ni de la chute du polythéisme gréco-latin, ou des théocraties orientales. C'est un phénomène qui ne commence nulle part, mais qui se développe sans s'arrêter tout au long de l'histoire.

Tout au long de l'histoire certes, mais à partir d'un centre bien localisé, qui est l'Occident, dont les idéaux ont pris progressivement valeur universelle. Cette spécificité de l'histoire occidentale, berceau de l'humanisme, où la notion d'individu a pris une place centrale, mérite d'être examinée. Pourquoi est-ce là, plutôt qu'ailleurs, que ces idéaux ont pris corps ? A cette question, le sociologue allemand Max Weber a apporté un éclairage très important, en montrant que c'est la tradition judéo-chrétienne elle-même, qui avait servi de « fusée porteuse » aux thèmes fondamentaux de la modernité. De Max Weber, on connaît surtout sa thèse classique sur l'affinité qui existe entre l'esprit du capitalisme naissant (épargner — donc ne pas consommer tout ce que l'on produit — afin d'investir ; rationaliser le rapport de chacun au travail dans le cadre d'une entreprise spécialisée, etc.) et l'éthique protestante (surtout calviniste) qui fait de la réalisation acharnée de son travail dans le monde le lieu de la recherche de la perfection chrétienne (à la différence de l'éthique catholique qui place la perfection religieuse la plus haute dans le retrait du monde, derrière les murs d'un monastère) (*L'Éthique protestante et l'esprit du capitalisme*, 1920). Mais la pensée de Max Weber va plus loin : il montre que la conception de l'histoire et de l'alliance entre Dieu et les hommes que les prophètes de l'Ancien Testament ont développée, et qui s'est déployée dans le christianisme a servi de matrice à la conception moderne d'une histoire que les hommes doivent faire, dans laquelle ils ont une responsabilité, et dans laquelle leur liberté est engagée puisqu'ils peuvent répondre ou ne pas répondre à la sollicitation d'un Dieu qui se lie à un peuple. Il montre également comment la conception chrétienne d'une relation personnelle et réciproque entre chaque homme et Dieu a préparé le terrain à l'avènement de l'individu. A travers la tradition catholique qui offre au fidèle un idéal de perfection personnelle, puis surtout à travers le protestantisme qui met l'accent sur le caractère direct de cette relation de l'homme à Dieu et qui refuse les médiations religieuses que l'Église catholique établit encore entre l'homme et Dieu (l'intercession de la Vierge et des saints par exemple), il retrace la genèse religieuse de l'individualisme moderne, dont la Réforme est le pivot. Mais cette histoire religieuse de la modernité bascule au moment où l'homme, conscient de sa propre puissance, s'arrache définitivement à l'univers religieux en fixant à cette histoire un horizon pleinement humain : celui d'une rationalisation complète du monde. C'est ce basculement qui s'engage (encore que de manière différente en Angleterre, en France ou en Allemagne, mais nous n'entrerons pas dans ces différenciations) au XVIIIe siècle, avec le mouvement des Lumières.

Comment comprendre les « renouveaux religieux contemporains » ?

Tout est-il dit alors de la religion ? Le satellite une fois mis sur orbite, la fusée porteuse s'est-elle purement et simplement désintégrée dans l'espace ? L'attente du Royaume de Dieu qui orientait la vie des hommes du passé en Occident s'est-elle entièrement résorbée dans la gestion du monde, ici et maintenant, et dans la confiance, purement séculière, dans les avancées prochaines du progrès ? Les choses ne sont pas tout à fait aussi simples. Car ces avancées du progrès ne comblent pas entièrement les attentes humaines. Chaque pas en avant fait surgir de nouvelles questions, de nouveaux possibles, et donc de nouvelles attentes. Cette tension vers un futur idéal, mais qui recule toujours, reste donc bien présente dans notre monde. Bien sûr, les hommes modernes, dans leur immense majorité, ne fondent plus leur espoir sur la certitude de la venue du Messie à la fin des temps. Mais, sur un mode qui n'est plus « religieux », ils continuent à vivre dans l'attente.

Il y a des périodes où cette attente s'exprime à travers une confiance illimitée dans la puissance économique et scientifique des sociétés les plus avancées. Les grandes années de la croissance économique, autour de 1960 — ces années qu'on désigne comme les Golden Sixties — ont favorisé cet enthousiasme typiquement moderne.

Il y a des périodes où cette attente se remplit des espoirs suscités par de grands mouvements sociaux et politiques, dont on pense qu'ils ont une capacité irrésistible de transformer le monde et de lui imprimer un cours nouveau. Les périodes révolutionnaires ont favorisé ce messianisme politique. Plus près de nous, le mouvement de Mai 68 a cristallisé les aspirations d'une génération à un monde nouveau.

Il y a des périodes où les perspectives d'avenir paraissent très sombres, où les promesses de la modernité sont de moins en moins crédibles : c'est le cas des périodes de crise économique. Il y a aussi des moments où le changement technique et culturel prend un cours si rapide que beaucoup de gens se trouvent déstabilisés et perdus, sans repères, avec le sentiment qu'ils ne peuvent rien maîtriser de leur propre vie et qu'ils n'ont aucune prise sur les évolutions de la société. Ce sentiment de vivre dans un monde complètement opaque devient plus aigu quand les avancées de la science et de la technique elles-mêmes introduisent dans la vie collective de nouvelles sources d'incertitude et donc de nouvelles peurs : c'est le cas de la période que nous traversons, où nous mesurons, de façon particulièrement sensible, quel est le prix à payer pour le progrès (en termes de destruction de l'environnement, d'aggravation des inégalités, de questions éthiques nouvelles à résoudre, etc.).

Développement technico-économique intense, bouleversements socio-politiques, mutations culturelles, etc. : ces différents éléments se combinent de façon variable dans les différentes phases de l'histoire du monde moderne. Dans tous les cas, celles-ci sont marquées par la tension entre ces deux dimensions inséparables de la modernité : la dimension de *l'attente* d'un monde toujours plus rationalisé, et la dimension de *l'incertitude* qui vient de la complexité croissante de ce monde.

A cause de cette tension, que les hommes modernes essayent de résoudre, la religion a toujours sa place dans la société moderne. A condition, bien entendu, d'entendre le mot « religion » dans un sens très large, comme le moyen dont les hommes se dotent pour donner une signification à cette tension. La croyance dans les pouvoirs illimités de la science, ou de la technique, ou de la Révolution, peut être considérée comme la « religion » même de la modernité. Mais il y a des moments où cette foi dans les pouvoirs de l'homme moderne est sérieusement mise à mal : parce que les découvertes scientifiques peuvent conduire à la destruction de la planète, parce que les révolutions ont débouché sur le totalitarisme, parce que le développement de l'économie, au lieu de rendre ceux qui en bénéficient plus libres, fait d'eux des intoxiqués de la consommation de masse, etc. Dans ces circonstances, les hommes modernes tentent tant bien que mal de reconstruire des systèmes de significations qui leur permettraient de donner un sens à ce chaos... Ils le font, le plus souvent, en « bricolant » diverses références, dont certaines viennent de la modernité elle-même, et dont d'autres sont empruntées à cet univers religieux que la sécularisation semblait avoir plus ou moins dissous. On assiste même, comme c'est le cas en ce moment, à des renouveaux spectaculaires, dans les pays les plus avancés, des grandes « religions historiques », et cela, même si l'influence directe des institutions religieuses dans la vie sociale continue de s'amenuiser. Ces « renouveaux religieux » ne surgissent pas en dehors de la modernité, ils en sont le produit.

Nous vivons, en France comme dans toutes les sociétés modernes, dans une société où la religion s'efface et se renouvelle à la fois : c'est une dynamique complexe, difficile à saisir. Ces conférences ne permettront pas de faire le tour de la question. Nous avons décidé d'en saisir un aspect, en nous plaçant du côté des religions historiques — judaïsme, christianisme (catholique et protestant), islam — et en nous intéressant à la manière dont elles reçoivent, accompagnent, intègrent ou rejettent ces évolutions contemporaines. La dernière séance, consacrée aux sectes et nouveaux mouvements religieux, nous permettra d'évoquer, de façon plus concrète que je ne l'ai fait dans cette introduction générale, ces « bricolages » du sens, qui caractérisent l'univers religieux de la modernité. Première approche... Les courtes bibliographies qui suivent la présentation écrite de ces conférences permettront à ceux qui le souhaiteront d'aller un peu plus loin ensuite.

BIBLIOGRAPHIE

MICHEL CLÉVENOT (éd.), *L'état des religions dans le monde,* Paris, La Découverte/Cerf, 1989 : de nombreux articles, très abordables, sur l'ensemble des problèmes religieux contemporains.

DANIÈLE HERVIEU-LÉGER, *Vers un nouveau christianisme ? Introduction à la sociologie du christianisme occidental,* Paris, Cerf, 1986 (avec la collaboration de F. CHAMPION).

YVES LAMBERT, *Dieu change en Bretagne. La religion à Limerzel de 1900 à nos jours,* Paris, Cerf, 1985 : une excellente approche des mutations de la religion confrontée à la modernité.

LES JUIFS DE FRANCE

par Régine AZRIA*

Les Juifs et leur histoire sont mal connus, bien peu de chose étant enseigné à leur sujet. Ils font pourtant leur apparition dans les programmes d'histoire dès la classe de sixième. Ils n'y sont encore que des Hébreux nomadisant en terre de Canaan, les ancêtres de ceux qui, après de longues pérégrinations, reviendront y établir un minuscule royaume, coincé entre les prestigieuses civilisations d'Égypte et de Mésopotamie. On ne dit pas grand-chose de plus sur leur compte, faute de sources fiables, sinon que c'est probablement à eux qu'on doit l'invention du monothéisme et que ce sont ces mêmes Hébreux qui ont légué à l'humanité un de ses plus grands monuments littéraires, la Bible (*). Celle-ci est la source principale dont on dispose sur cette période reculée de l'histoire juive. Mais son type de narration relève davantage, il faut bien l'admettre, du récit légendaire que de l'histoire scientifique.

De façon surprenante, c'est précisément à la fin de la période biblique, au moment où ils vont entrer dans la phase proprement historique de leur histoire, que les Hébreux, devenus entre-temps

---

* CNRS, Paris.

(*) Le symbole renvoie au glossaire qui figure à la fin de ce texte, p. 53.

les Juifs, disparaissent de la scène de l'histoire universelle telle qu'on l'enseigne dans les manuels. Il est vrai qu'à partir de cette époque leur trace est plus difficile à suivre, puisque leur histoire n'est plus celle d'une nation unifiée, mais celle de groupes dispersés vivant au milieu des nations. Ils ne font une brève réapparition qu'à la fin du XIXᵉ siècle au détour de l'affaire Dreyfus, puis à propos de la Seconde Guerre mondiale aux chapitres du gouvernement de Vichy et du génocide (*). C'est ainsi que plus de vingt siècles durant, alors que leur destin accompagne sans s'y confondre, ceux des peuples et des nations, les Juifs sont les grands absents de l'histoire. A un point tel que l'imagination, toujours prompte à se saisir de l'inconnu là où le vrai savoir fait défaut, a cédé la place aux délires les plus fous sur leur compte, le plus célèbre d'entre eux restant les fameux *Protocoles des sages de Sion*(*).

On peut légitimement s'interroger sur le « pourquoi » de cette disparition des Juifs de l'histoire. L'explication en est simple. Elle réside essentiellement dans les modes de sélection des événements du passé qu'opère l'historiographie. Nous savons que pour l'historiographie traditionnelle, c'est le politique qui détermine la logique de saisie des événements du passé ; aussi est-ce lui qui tout naturellement capte l'essentiel de l'attention des historiens, l'art, la culture, l'histoire de la pensée n'étant plus que des prolongements secondaires. Tout naturellement encore, l'historiographie ne retient de ce passé politique que l'histoire des vainqueurs, le sort des vaincus n'étant évoqué qu'accessoirement quand il n'est pas simplement passé sous silence. Les Juifs étant politiquement vaincus en l'an 70 de notre ère, la suite de leur aventure collective se trouve logiquement renvoyée hors des cadres de l'historiographie traditionnelle.

Pourtant, pendant ces vingt siècles qui séparent la fin de la souveraineté nationale juive sur la Judée, de 1948, année de la création de l'État d'Israël moderne, non seulement les Juifs continuent à exister, mais c'est au cours de cette longue période que le judaïsme prend forme, consistance et vigueur. Chassés de leur pays par l'occupant romain, les Juifs entrent dans une nouvelle période de leur histoire, celle de l'*exil* et de la *dispersion* ; mais ce long cheminement souterrain est aussi une période de *résistance.*

(*) Voir glossaire, p. 53.

Il est tout à fait indispensable de saisir toute la portée des enjeux contenus dans ces termes, exil-dispersion-résistance, pour être en mesure d'évaluer l'impact futur de la modernité sur les Juifs ainsi que l'ampleur des mutations qui interviendront dans leur condition ; pour comprendre enfin en quoi leur conception du judaïsme s'en trouvera elle aussi reconsidérée.

La résistance

Après la défaite politique qui a pour effet immédiat de les disperser géographiquement, les Juifs vont organiser leur existence à l'intérieur de communautés (*) dans lesquelles ils vont s'attacher à développer des modes de vie compatibles (*) avec les usages de leurs divers pays d'accueil et avec les exigences de la *Torah* (*), leur principale souci étant d'assurer leur cohésion interne face aux deux grands dangers qui les guetteront tout au long de leur histoire et qui seront aussi redoutables l'un que l'autre pour la perpétuation de leur existence collective : les persécutions et l'assimilation.

Véritable structure de résistance à l'hostilité tout autant qu'aux séductions des sociétés environnantes, le système communautaire qui encadrera la vie juive jusqu'à l'aube des temps modernes se caractérise comme un ensemble d'institutions et de pratiques régies par un code religieux. Mais il est plus que cela encore. Par la force de la pression sociale qu'il exerce sur ses membres, par son mode de régulation des façons de faire, de penser, de croire, le maintien de ce système permet aux Juifs d'accomplir une véritable prouesse : la transmission ininterrompue pendant près de vingt siècles d'un patrimoine religieux et spirituel accumulé d'une génération à l'autre et centré autour de l'étude de la Torah. Éloignés de la terre de leurs ancêtres, condamnés à subir le joug des nations, le seul élément tangible qui leur permettra désormais de se reconnaître comme Juifs sera ce livre, la Torah, auquel s'attachera le sens de leur existence. La fidélité des Juifs à leur mode de vie communautaire se veut le témoignage de leur fidélité à l'Alliance incarnée dans ce livre, à laquelle leur condition d'exilés donnera une dimension nouvelle.

(*) Voir glossaire, p. 53.

Exil-golah, dispersion-diaspora

Pour ce qui concerne la période biblique, histoire et tradition juives se confondent. La tradition enseigne que le Dieu pour lequel Abraham quitte son pays et sa famille, a conclu avec lui une alliance aux termes de laquelle il s'engage, en échange de la soumission d'Abraham, à faire de sa descendance un grand *peuple* auquel il donnera une *terre.*

Les notions de « terre promise » et de « peuple juif » tirent leur centralité de cette double promesse originelle. Elles sont l'une et l'autre constitutives du fait juif considéré dès ses origines, l'une et l'autre faisant corps avec l'Alliance et sa promesse.

Cela étant, *l'exil*, en hébreu la *golah*, met fin au séjour sur ladite terre promise et *la dispersion*, la *diaspora*, rompt les liens de voisinage qui ont façonné l'identité du peuple. Tournant crucial de leur histoire, la nouvelle condition diasporique des Juifs, qui fait d'eux un peuple d'exilés dispersés, deviendra l'élément fondamental et structurant de leur conscience collective. Dispersés dans des communautés géographiquement éloignées les unes des autres, mais ravivant en permanence la nostalgie d'un passé commun nymbé par le sacré et l'espérance messianique d'un retour, ils ne se représenteront plus autrement que comme « un peuple en exil ». Le rituel religieux aura pour principal objectif de maintenir vivace le lien désormais exclusivement spirituel et abstrait qui les lie à « leur terre » et d'insister sur la dimension collective-nationale (dans un sens non politique) de leur appartenance. Près de vingt siècles durant, ils vivront ainsi déconnectés du réel, coupés de la réalité historique qui démentira pendant tout ce temps l'espérance utopique entretenue par leur tradition et leurs prières.

Il faudra attendre l'avènement de la modernité, la montée de l'individualisme moderne, l'abolition de l'Ancien Régime et l'émancipation pour que ces cadres de pensée traditionnels qui structurent l'existence quotidienne et séculaire des communautés juives de diaspora volent en éclats.

Heureux comme Dieu en France

Un vieux proverbe juif dit « Heureux comme Dieu en France » et le proverbe ne ment pas. Depuis la Révolution française, les Juifs ont retrouvé la dignité et participent comme tout un chacun aux destinées du pays. Mais il n'en a pas toujours été ainsi et la conquête des droits n'a pas été facile. Est-il besoin de rappeler aussi que ces droits eux-mêmes ne sont pas parvenus à abolir le temps du mépris et de la haine. La Seconde Guerre mondiale a fait près de six millions de victimes juives en Europe, dont cent mille en France, soit un tiers de sa population juive[1]. Néanmoins, la France reste malgré tout pour les Juifs la grande émancipatrice qui a fait d'eux des citoyens, des hommes et des femmes libres. Les Juifs de France, et les autres, ne l'ont pas oublié.

Le cas des Juifs de France représente une illustration intéressante des bouleversements de la modernité, le contraste entre leur condition passée et leur situation actuelle ne pouvant que susciter des questions et des raisons de s'étonner. En effet, comment explique-t-on qu'après avoir été considérés pendant si longtemps comme des éléments étrangers, les Juifs aient pu devenir des Français à part entière ? Et comment, dans ces conditions, continue-t-on à être juif en France aujourd'hui ? Enfin, qu'est-ce que le judaïsme, celui d'hier et celui d'aujourd'hui ?

Un bref rappel historique

Pour bien comprendre le présent, un bref rappel historique est nécessaire.

La présence juive en France remonte loin dans le passé, puisqu'elle nous renvoie à la période gallo-romaine. Mais c'est surtout à partir du IVe siècle que les premières implantations juives commencent à se développer. Jusqu'au XIe siècle, les Juifs vivent en bonne intelligence avec leurs voisins chrétiens. Sous les Carolingiens, ils jouissent même d'un statut de quasi-égalité juridique et peuvent exercer tous les métiers. Des foyers de haute culture juive se développent, notamment dans le sud de la France et dans l'est. Une des grandes figures juives de cette époque est le célèbre commentateur de la Bible et du Talmud, Rashi, Rabbi Shlomo ben Isaac (1050-1105), viticulteur de son état et établi à Troyes en Champagne.

1. La Seconde Guerre mondiale et le génocide des Juifs par les nazis ne seront pas traités dans ce cadre. De nombreux ouvrages faisant le point sur la question sont actuellement accessibles. Voir bibliographie.

C'est encore du vivant de Rashi, en 1095, que la condition des Juifs commence à se détériorer, lorsque le pape Urbain II décrète la 1re croisade. C'est de cette époque que datent les premiers massacres de communautés juives : Rouen, Metz, et tout le long de la vallée du Rhin. En fait, l'itinéraire des croisés en route vers Jérusalem est jalonné de massacres de Juifs dont les plus importants, par le nombre des victimes, ont lieu en Allemagne. Mais les massacres ne sont pas les seuls maux dont les Juifs ont à souffrir ; c'est aussi de cette époque que datent les premières accusations de meurtres rituels, de profanations d'hosties, d'empoisonnements de puits ; accusations suivies d'effets puisqu'on brûle les Juifs déclarés coupables.

Selon certains historiens, ce changement d'attitude à l'égard des Juifs ne serait ni fortuit ni d'origine populaire. Il aurait été dicté par un grand dessein politique préconisant le déploiement d'une vaste stratégie de christianisation de l'Occident aux fins d'unification de la chrétienté. Un enjeu mobilisateur comme la croisade et la chasse aux infidèles aurait efficacement servi cet objectif et les Juifs en auraient, malencontreusement pour eux, fait les frais. A ce chapitre, il n'est pas inutile de signaler l'acharnement antijuif du roi Louis IX, dit Saint Louis. Son règne fut une période particulièrement sombre pour les Juifs puisque c'est à lui et au pape Innocent III (1215, IVe concile de Latran) que l'on doit, entre autres, l'institution du port obligatoire de la rouelle, premier ancêtre de l'étoile jaune[2].

Pour les Juifs, c'est le début d'une très longue période de persécutions où alternent massacres, spoliations et expulsions. Le premier décret d'expulsion est signé par Philippe Auguste en 1182, le dernier sera renouvelé par Louis XIII en 1615. Entre les deux, les Juifs seront alternativement expulsés, après confiscation de leurs biens, puis rappelés ou simplement tolérés.

Il faut donc croire qu'on peut aussi avoir besoin d'eux puisqu'on les rappelle périodiquement. C'est bien le cas. Paradoxalement, cela s'explique par la détérioration même de leur condition. Celle-ci se traduit par toute une série de mesures qui, en cherchant à les marginaliser socialement et professionnellement, rendent leur vie quotidienne de plus en plus difficile.

2. L'étoile jaune était une étoffe de tissu que les nazis obligèrent les Juifs à porter cousue sur leur vêtement, pour être facilement identifiables.

L'accès à la plupart des métiers leur est interdit ainsi que la possession et le travail de la terre, les corporations leur sont fermées, leur liberté de circulation et de résidence considérablement restreintes. On ne leur laisse quasiment plus d'autres moyens d'existence que l'exercice des métiers les plus dégradants comme le colportage et le commerce de l'argent. Ce dernier a beau être interdit aux chrétiens, condamné par l'Église, il est néanmoins indispensable à la bonne marche des affaires d'un pays. Les souverains sont les premiers à le savoir, eux qui font appel aux Juifs chaque fois qu'ils ont besoin d'argent pour lever des armées ou pour importer des produits de première nécessité. Les Juifs sont donc haïs et méprisés, mais utiles.

Cette situation précaire prévaudra jusqu'à la Révolution. Jusqu'en 1789, les Juifs du royaume sont officiellement interdits de séjour en France. Néanmoins, on les évalue à environ 40 000 personnes dont les 3/4 sont regroupés dans les provinces de l'Est[3].

La Révolution et les Juifs

Avec la Révolution c'est une autre page de l'histoire juive qui commence puisque c'est elle qui émancipe les Juifs, après les protestants. Elle fait d'eux des citoyens à part entière, partageant les mêmes droits et les mêmes devoirs que leurs concitoyens.

Mais que signifie au juste cette émancipation ? Quelles en sont les implications effectives ? De quels espoirs ou de quelles menaces est-elle porteuse pour les Juifs ? Ces questions sont fondamentales dans la mesure où, avec son cortège de conséquences, l'émancipation marque un tournant radical ; elle va propulser les Juifs dans cette société dont ils avaient été, et dont ils s'étaient, si longtemps exclus. A partir de ce moment ils vont être impliqués dans tous les enjeux de la modernité.

Mais comment se fait-il que tout à coup on songe à émanciper les Juifs ? Il y a bien sûr la Déclaration des Droits de l'Homme qui stipule que tous les hommes sont libres et égaux. Mais nous savons que tous ne jouiront pas immédiatement de la mise en

---

3. A l'époque de la Révolution, les Juifs sont répartis dans trois grandes régions. Le Sud-Ouest, Bordeaux et Bayonne Saint-Esprit ; la Provence, les États du pape et le Comtat Venaissin ; les provinces de l'Est, Alsace et Lorraine. Enfin quelques centaines seulement sont tolérées à Paris, environ 500.

œuvre de ses principes, notamment les Noirs, qui devront patienter plus longtemps encore que les Juifs.

Quels sont, alors, les objectifs poursuivis par la Révolution ?

En fait, ce que veulent construire les hommes de la Révolution, c'est une France unitaire et unifiée. Pour réaliser cet objectif, tout doit être mis en œuvre pour que les anciens sujets devenus citoyens se reconnaissent et se définissent avant tout comme des Français. Les appartenances particulières, provinciales, corporatives, religieuses, ou encore celles liées à la naissance, de même que tous les facteurs de différenciation, de division, de privilèges qui cloisonnent la société française, doivent être supprimés : ils ne doivent plus faire écran entre la Nation naissante, qui se veut une et indivise, et ses citoyens.

Or nous avons vu qu'à la fois par nécessité et par choix, les Juifs entretiennent des formes d'existence collective qui les maintiennent à l'écart. De plus, et comme beaucoup de leurs concitoyens, ils ne parlent pas le français. Selon leur lieu de résidence, ils s'expriment en judéo-espagnol, en judéo-provençal ou en yiddish ; tout comme les Bretons ou les Occitans qui parlent leurs dialectes ou leurs patois locaux.

Dans l'esprit de la Révolution cette situation est intolérable. Ces formes de vie communautaire doivent disparaître en même temps que tous les autres corps intermédiaires. Aucune allégeance autre que celle due à la Nation ne saurait subsister.

L'émancipation qu'on accorde aux Juifs[4] exige donc une contrepartie de leur part. On attend d'eux qu'ils s'engagent de leur côté à abandonner leurs particularismes, comme leurs langues ou leurs habitudes communautaires, pour ne conserver que ce qu'ils jugent être l'essentiel de leur religion. Ils doivent s'efforcer de développer tout ce qui peut contribuer à leur intégration sociale : apprendre le français, s'instruire aux usages du pays, se lancer dans des métiers et les carrières désormais accessibles, se mélanger, notamment par le mariage, avec les non-Juifs. C'est là le défi de ce qu'on appelle la régénération, c'est-à-dire l'adoption des nouvelles normes et valeurs prônées par les Lumières, puis la Révolution.

Ainsi, deux conditions sont posées à l'entrée des Juifs dans

4. L'émancipation se fait par étapes. Elle est définitivement acquise le 27 septembre 1791 pour l'ensemble des Juifs du royaume.

la société française. Ils doivent d'abord renoncer à se considérer comme la fraction d'un peuple à part, exilé au sein de la grande Nation française. Ensuite, ils doivent œuvrer à transformer le judaïsme en une simple religion, c'est-à-dire le ramener à une affaire de culte et de rite. Ses contenus nationaux et messianiques, dont nous avions vu la place centrale qu'ils occupaient, doivent être sacrifiés à la cause de la construction de l'unité nationale.

A partir de la Révolution et en échange de leur émancipation on attend donc des Juifs qu'ils acceptent de faire de leur particularisme une affaire strictement individuelle et confessionnelle. Nous verrons dans un instant quelles sont leurs réponses face à cette situation inédite.

Car cette politique et ces attitudes nouvelles vis-à-vis des Juifs ne font qu'aller dans le sens et la logique du processus de sécularisation de l'État et de la société, déjà à l'œuvre dans la chrétienté depuis la Renaissance. Avec la Révolution le processus engagé ne fait que s'intensifier et n'atteindra son point culminant qu'avec la loi de séparation de l'Église et de l'État. Ce qui est nouveau par contre, c'est que jamais jusqu'alors il n'avait encore réellement affecté le mode de vie des Juifs, du moins pas au point de remettre eu question de façon aussi radicale les fondements mêmes de leurs principes d'existence.

Mais à partir du moment où ce processus les affecte directement les choses vont très vite pour eux puisqu'il suffit de quelques générations à peine pour qu'ils accèdent à la condition qui est la leur aujourd'hui. Cessent-ils pour autant d'être juifs ? Se trouve ici posée la question de l'assimilation et des manières d'être juif dans la modernité.

Par ailleurs, si leur intégration socio-professionnelle se fait et se poursuit de façon exemplaire, leur participation sociale provoque aussi des résistances de part et d'autre. Réactions de rejet des Juifs dans certains milieux non-juifs ; se trouve alors posée la question de l'antisémitisme ; réactions de rejet de la société sécularisée dans certains milieux juifs ; et se trouve posée la question de l'identité et du refus de l'assimilation. Voyons d'abord l'antisémitisme.

Antijudaïsme chrétien et antisémitisme moderne

Les premières vraies manifestations d'antisémitisme se produisent dans le climat survolté qui entoure l'Affaire Dreyfus. Mais ses signes annonciateurs sont déjà en germe dix ans plus tôt, lorsque les premiers Juifs immigrés, chassés par les pogroms et la misère commencent à arriver de Russie. Ceux d'entre eux qui ne poussent pas jusqu'en Amérique viennent chercher refuge en France. A leur arrivée, ces Juifs qui, à l'instar des Juifs de France des générations précédentes, s'intégreront eux aussi très vite, ont encore l'apparence et les coutumes des Juifs traditionnels. Leur aspect exotique leur donne une visibilité qui ne peut que ravir les antisémites. Ils fournissent en tout cas la matière idéale aux premières manifestations de xénophobie d'une certaine ampleur que l'affaire Dreyfus ne fera qu'exacerber.

L'antisémitisme moderne diffère pourtant de l'antijudaïsme chrétien traditionnel qui, lui, reposait sur une base religieuse. Il avait été alimenté pendant des siècles par les enseignements de l'Église, qui désignait les Juifs comme peuple déicide, justifiant ainsi des siècles de persécutions. L'historien Jules Isaac a appelé cette attitude traditionnelle de l'Église « l'enseignement du mépris ».

Néanmoins dans la conception antijuive de l'Église les Juifs peuvent toujours espérer être sauvés, donc échapper à la fatalité de leur naissance, en acceptant la conversion. Souvenons-nous de l'Inquisition où nombre de Juifs eurent la vie sauve par la seule grâce du baptême. (Quant aux autres, ceux qui, continuèrent à « judaïser » secrètement, ils sont passés à la postérité sous le nom de *marranes*.)

Avec l'antisémitisme moderne, cette ultime planche de salut elle-même n'existe plus. C'est la race et non plus la religion qui y devient le critère discriminant. Les idéologues de cette nouvelle pensée iront jusqu'à donner une caution scientifique à leur théorie en l'étayant sur des travaux d'anthropologie en cours à l'époque, tendant à démontrer l'inégalité des races. Or, s'il est concevable qu'un individu puisse changer de religion, rien ni personne ne peut le faire changer de race.

Pour l'antisémite les Juifs relèvent d'un type humain fondamentalement ambigu. Qu'ils appartiennent à une race inférieure, cela ne fait aucun doute, il suffit de voir leur aspect physique qui trahit la dégénérescence et la bestialité (cf. les caricatures de l'époque). Mais, plus grave encore, les Juifs sont doués de pouvoirs redoutables et d'ambitions démesurées. Grâce à leur intelligence, qu'ils doivent à leur race, et grâce à leur solidarité, qu'ils doivent à leur religion, ils œuvrent souterrainement dans la société pour devenir les maîtres du monde. Et ils sont d'autant plus dangereux qu'ils savent se rendre invisibles. L'ennemi à redouter n'est donc pas tant le Juif du ghetto, facilement repérable grâce à son aspect très particulier (cf. le Juif immigré) que le Juif assimilé, non reconnaissable et qui se fond dans la foule (cf. le capitaine Dreyfus).

Ainsi, l'antisémitisme moderne développe une pensée sans échappatoire pour le Juif ; il enferme celui-ci dans une appartenance maléfique à laquelle il ne peut rien opposer pour sa défense. Quoi qu'il fasse et quoi qu'il pense, le Juif est suspect, donc potentiellement coupable. *Les Protocoles des sages de Sion*, cet écrit antisémite évoqué au tout début, développera ces thèmes. Dans le même esprit, les thèmes du complot juif, de l'envahissement de la France par les Juifs ou encore de la France « enjuivée » serviront de leitmotiv, apprécié d'un large public, à un best-seller de l'époque, *La France juive*. Son auteur, Edouard Drumont, chef de file du camp antidreyfusard et directeur du journal *La Libre Parole*, créé à l'occasion de l'Affaire, sera un des maîtres à penser de l'extrême droite nationaliste et xénophobe.

Pourquoi la haine antijuive prend-elle cette tournure nouvelle ? Parce que les conditions sociales ont changé. Sous l'Ancien Régime, la société tout entière était sous l'emprise d'une Église seule à décider du Bien et du Mal. Par essence, le Juif et le judaïsme représentaient la négation du christianisme et ne pouvaient donc qu'incarner le Mal. Par contre, sur le plan matériel, les Juifs étaient socialement et politiquement impuissants. Ils ne représentaient donc pas une menace. Bien au contraire, nous l'avons vu, dépourvus de tout pouvoir, le modeste rôle qu'ils jouaient dans le domaine économique avait une certaine utilité sociale.

Avec leur entrée dans la société où ils deviennent des partenaires sociaux, à part entière, les Juifs deviennent du même coup des concurrents et des rivaux. Leur dynamisme tout neuf et leur volonté de réussite sociale inquiètent les milieux traditionnellement conservateurs, les plus menacés par les bouleversements qui agitent la société dans son ensemble : la montée d'une bourgeoisie d'affaires, qui compte un certain nombre de Juifs dans ses rangs, inquiète la bourgeoisie traditionnelle ; l'industrialisation et les grands travaux d'équipement auxquels participent activement quelques grands financiers et industriels juifs inquiètent la petite noblesse terrienne et les propriétaires fonciers ; les mêmes inquiétudes accompagnent le développement d'une bourgeoisie intellectuelle dont hommes politiques, juristes, journalistes, écrivains ou éditeurs juifs viennent grossir les rangs. C'est la raison pour laquelle l'antijudaïsme délaisse le terrain religieux dont l'emprise sociale a par ailleurs considérablement diminué, et le remplace par le thème racial. Les enjeux de l'antisémitisme moderne ne sont donc plus religieux, mais sociaux et économiques. Le Juif doit être humainement disqualifié pour pouvoir être socialement éliminé.

Si je m'attarde un peu longuement sur ce chapitre de l'antisémitisme, c'est parce que ces idées feront leur chemin quelques décennies plus tard quand elles seront reprises, développées amplifiées dans un autre contexte culturel et politique. Ce sont elles qui alimenteront l'idéologie nationale-socialiste et qui feront le lit du nazisme.

L'assimilation ou les mirages de l'Occident

Le bicentenaire de la Révolution française a relancé un vieux débat qui retrouve toute son actualité en cette fin de XXe siècle, celui de l'évaluation rétrospective de l'émancipation. Selon les uns, et cela a longtemps été l'opinion de la majorité, l'émancipation a représenté un immense bienfait pour les Juifs. C'est grâce à elle qu'ils ont pu entrer dans la société et y faire la preuve de leur aptitude à y participer activement pour le plus grand bien de tous. Hommes politiques juifs, savants, artistes, grands industriels ou simples citoyens, dont beaucoup payèrent leur patriotisme de leur vie sur les champs de bataille des deux guerres mondiales, sont la preuve vivante du succès de cette émancipation.

Certes, disent les autres. Les Juifs et la France n'ont eu qu'à se féliciter de leur bienheureuse rencontre. Mais celle-ci risque, à terme, d'être fatale au judaïsme. En effet, comment ne pas voir qu'avec les nouvelles possibilités offertes aux Juifs par l'émancipation, ceux-ci ont délaissé leur religion, leurs pratiques ancestrales, leurs traditions. Sans compter les mariages mixtes, en progression constante, qui compromettent gravement le renouvellement des générations futures. En un mot, si l'émancipation fut un bienfait pour les Juifs, elle a constitué un grand malheur pour le judaïsme.

Que penser de chacun de ces discours, sinon que l'un et l'autre disent vrai, même si chacun ment par omission.

Nul ne peut nier en effet le grand mouvement de désaffection de la synagogue qui accompagnera l'intégration des Juifs dans la société française. On peut d'ailleurs faire un constat identique à l'échelle de la planète. Là où les Juifs jouissent des libertés civiques, ce gain a été contrebalancé par un déclin des pratiques religieuses (pour être tout à fait juste, il convient d'ajouter que cette désaffection religieuse avait commencé *avant*). Faut-il en conclure pour autant que le judaïsme serait menacé de disparition ?

Les Juifs, le judaïsme et la modernité

Les réponses à la question ici posée sont largement dépendantes des définitions du judaïsme apportées par les uns et les autres.

Pour la minorité orthodoxe qui s'est affirmée en réaction aux effets de la sécularisation et qui considère la modernité et les changements qu'elle apporte comme une menace réelle pour l'avenir du judaïsme, celui-ci consiste essentiellement en un ensemble de rites et de pratiques transmis de génération en génération et resté quasiment inchangé depuis la clôture du Talmud(*) au IIIe siècle. Pris comme tel, sa perpétuation est avant tout conditionnée par la stricte observance de la Loi religieuse, *halakha*, c'est-à-dire par le respect scrupuleux et intégral des 613 prescriptions religieuses, les *mitsvot*, qui ponctuent chacun des instants et des circonstances de la vie du Juif pratiquant. Pour cette conception, plus attachée à la transmission fidèle et inaltérée de la tradition qu'à son renouvellement ou à son adaptation, toute initiative ou innovation n'allant pas dans le sens du renforcement de la Loi doit être prohibée, le moindre changement apporté à l'héritage accumulé des générations y étant perçu comme déstabilisant pour l'ensemble de l'édifice, le vouant à la disparition à plus ou moins brève échéance. Toujours dans cette même perspective, une autre condition essentielle de la perpétuation du judaïsme est le refus des mariages mixtes.

Mais ce point de vue extrême des Juifs traditionalistes trouve son propre démenti dans l'histoire. Loin de se réduire à un

(*) Voir glossaire p. 53.

ensemble de prescriptions et de rites sur lesquels le temps ni l'espace n'ont prise, le judaïsme se définit essentiellement comme un fait à dimension humaine, se moulant dans des catégories historiques et sociales. Le sacré y a certes occupé une place longtemps privilégiée, au point d'infléchir l'histoire d'un peuple, mais pour autant, il n'est pas *que* cela.

A ce titre et comme tout fait d'histoire, le judaïsme a connu des évolutions et des transformations nombreuses. Tour à tour le politique, le religieux, le culturel y ont joué des rôles prédominants, selon les époques et les lieux. La grande erreur consistant à céder à l'illusion créée par la distance du temps qui, comme la photographie lorsqu'elle fond tout sur un plan unique et immobile, aplatit les couches successives de l'histoire. Pour les Juifs, comme pour les autres groupes humains qui charrient un long passé mythisé derrière eux, une vision idéalisée tend à faire apparaître ce passé comme uniformément lisse. Ainsi, pendant longtemps, a-t-on pu parler du Moyen Age comme s'il s'agissait d'une longue période uniforme et immobile, où rien de neuf, de notable en tout cas, ne se serait passé. Les progrès des connaissances historiques heureusement nous ont appris depuis que le Moyen Age avait été le théâtre de profondes effervescences, intellectuelles et religieuses, politiques et économiques.

Il en est de même pour le judaïsme. Loin d'être un lac tranquille et contrairement à la vision figée qu'en donne l'orthodoxie moderne, la tradition juive a dû en permanence composer avec l'histoire. C'est à ce prix, et seulement à ce prix, qu'elle a pu se perpétuer jusqu'à ce jour. Au prix de compromis parfois, d'accommodements et d'ajustements le plus souvent et, quand il le fallait, de renforcements aussi. L'immense littérature des *responsa* rabbiniques, ces échanges entre docteurs de la Loi de communautés différentes se consultant mutuellement sur la conduite à tenir devant telle ou telle situation inédite, en témoigne. La diversité des traditions locales, régionales et nationales, en témoigne à sa façon elle aussi, ainsi que l'existence d'un vaste patrimoine culturel profane, philosophique, littéraire, artistique, voire politique.

C'est ainsi qu'on peut affirmer que les Juifs ont toujours dû, dans l'intérêt même de la préservation du judaïsme, faire preuve de pragmatisme en soumettant leur héritage traditionnel à des recompositions incessantes.

Il n'en demeure pas moins que l'émancipation, et plus largement la modernité occidentale provoquent une rupture profonde dans l'histoire du devenir juif. En cessant de se penser et de se représenter comme un peuple en exil, les Juifs pour la première fois de leur histoire quittent le domaine abstrait de l'utopie et de la spéculation mystique pour investir celui de l'histoire et du politique. Assimilation-intégration individuelle pour les uns, sionisme ou choix diasporique[5] pour les autres, sont les grandes avenues qui s'ouvrent dorénavant devant eux.

Les Juifs de France optent successivement et alternativement pour l'un et/ou l'autre. Tout au long du XIXe siècle, ils naviguent à vue entre l'intégration et l'assimilation. Ils entendent bien sûr ne pas laisser passer la chance qui leur est offerte, mais ils ne sont pas disposés malgré tout à tout abandonner de leurs traditions. Pour beaucoup de Français israélites, émancipation et intégration consistent alors en l'art de devenir français sans cesser d'être juifs. Les contenus du judaïsme étant, nous l'avons vu, considérablement vidés de leur substance originelle, mais suffisamment forts cependant pour que le lien ne soit pas totalement rompu. Si peu rompu qu'en cette fin de XXe siècle les observateurs sont unanimes à constater le profond mouvement de revitalisation de la conscience et de l'identité juive, en France comme ailleurs.

Le XXe siècle et ses bouleversements

Mais à parler de Juifs, encore faut-il s'entendre sur ceux de qui on parle. Si, jusqu'à la fin du XIXe siècle, la courbe de la démographie juive suit une progression à peu près naturelle, peu perturbée par la perte puis le retour de l'Alsace et de la Lorraine (la grande majorité des Juifs de l'Est opte pour la France et afflue alors sur Paris), à partir des années 1880 et jusqu'à la fin des années 1960, les turbulences de l'histoire mondiale bouleversent cette démographie, en déplaçant massivement certaines

---

5. Par choix diasporique il faut entendre le phénomène suivant : après la création de l'État d'Israël, le fait de vivre en diaspora ne relève plus, pour les Juifs des pays libres, d'une contrainte ou d'une fatalité, mais d'un choix librement consenti. Ce choix peut se traduire par une volonté de maintenir des structures communautaires permettant la perpétuation d'une vie juive à caractère religieux ou laïque sur le sol des divers pays d'accueil.

de ces populations, mais aussi en en rayant d'autres tout aussi massivement des cartes de l'Europe : les mouvements migratoires et le génocide de la Seconde Guerre mondiale sont les faits saillants, et les plus traumatisants, de cette période de l'histoire, à l'origine des recompositions les plus profondes que le judaïsme ait connues. Auxquelles il convient d'ajouter un événement phare non moins important, la création de l'État d'Israël.

L'immigration juive

A la Révolution, les Juifs de France sont pour la plupart établis de longue date dans le pays ; ils n'y forment pas une communauté homogène, mais des « nations » (*) très différenciées les unes des autres. A la fin du XIXe siècle, cette population culturellement et socialement disparate au départ, est en pleine phase de décollage et d'intégration : économique — grâce à l'accès aux professions —, social — essentiellement en milieu urbain et sur le modèle bourgeois —, culturel — grâce à l'accès aux grandes écoles et universités et par l'adhésion aux valeurs laïques de la France moderne. Cette évolution s'accompagne d'un net déclin religieux. Ce processus d'acculturation confère pour la première fois au judaïsme français une certaine homogénéité. Mais cette homogénéité, il la doit aussi à la nouvelle structure institutionnelle dont Napoléon l'a doté : le consistoire(*). Or, c'est à ce stade de son évolution que les premiers immigrés commencent à arriver.

Orthodoxes ou athées, encore façonnés par les modes de vie traditionnels, les nouveaux venus ont une conscience collective juive plus affirmée que celle des Français israélites, renforcée encore par l'antisémitisme virulent qui a contribué à les chasser de leur pays. Aussitôt arrivés et comptant peu sur leurs coreligionnaires français, trop assimilés à leurs yeux, ils s'organisent entre eux, mettent en place des structures communautaires et d'entraide destinées à faciliter leur insertion matérielle et maintenir vivace leur culture d'origine ; une culture qui associe une vie religieuse fervente à des activités politico-syndicales. Le syndicalisme juif a déjà un long passé derrière lui en Europe de l'Est, notamment avec le Bund(*) ; quant à l'activité politique, elle concerne essentiellement la nouvelle forme d'expression du

---

(*) Voir glossaire, p. 53.

nationalisme juif, le sionisme, qui a trouvé son terrain d'élection parmi les populations juives prolétarisées d'Europe de l'Est.

Interrompu par la Seconde Guerre mondiale et l'épisode tragique de Vichy[6], l'intégration et l'insertion professionnelle des rescapés reprend à la Libération et se poursuit avec succès. La première génération est surtout spécialisée dans la petite industrie du textile, de la fourrure et du cuir. Ceux de la seconde génération qui ne prennent pas la suite des pères se lancent dans les études qui leur ouvrent toutes grandes les portes de la réussite sociale.

Ces Juifs ashkenazes(*) parachèvent leur intégration-assimilation à la française en l'espace de deux, trois générations. Si bien que lorsqu'une nouvelle immigration, venue des rives de la Méditerranée cette fois, commence dans les années 50[7], c'est un processus quasiment identique qui se reproduit. A leur arrivée, les Juifs orientaux ne se reconnaissent pas dans le judaïsme frileux, terne et aseptisé, de leurs coreligionnaires métropolitains. Eux dont le judaïsme est exubérant, convivial, communautaire, vécu avec une ostentation naturelle et sans complexes. Comme les ashkenazes l'avaient fait quelques générations plus tôt, mais avec l'aide des institutions en place cette fois, ces sépharades(*) doivent à leur tour reconstituer des structures de vie juive et ranimer celles qui s'étiolent : ouvrir des écoles, des synagogues et des lieux de rencontre, des commerces d'alimentation cacher (*), recréer un tissu associatif, mobiliser les bonnes volontés pour animer des activités diverses, former de nouveaux cadres laïcs et religieux. En somme, redonner corps à une rue et à une vie juive dont il ne reste plus, après guerre, que de pâles traces. Pourtant, les sépharades ont sur les ashkenazes un avantage considérable : celui de pratiquer déjà la langue du pays et d'être plus ou moins familiarisés avec sa culture et ses usages. De plus, beaucoup d'entre eux, notamment ceux d'Algérie, sont déjà Français. Ce qui explique la réussite foudroyante et l'extrême rapidité de leur intégration socioprofessionnelle qui aura les mêmes effets :

6. Le gouvernement de Vichy a permis et collaboré à l'extermination de 75 521 « déportés raciaux » sur un total d'environ 95 000 victimes de la *solution finale* en France, dont 8 000 enfants de moins de 13 ans et un tiers de Juifs français (cf. P. Girard, p. 438)

7. Cette immigration est provoquée par la décolonisation des pays du Maghreb et l'exode des Juifs des pays arabo-musulmans déclenché par le conflit israélo-arabe.

(*) Voir glossaire, p. 53.

baisse de la pratique religieuse, mariage mixte et relâchement des liens communautaires.

Ainsi la judaïcité française se caractérise-t-elle par son métissage ethnique et culturel, et par la forte attraction exercée par la société française. Assemblage de Juifs venus par vagues successives d'horizons divers, qui ne partagent ni passé commun, ni traditions, ni conceptions religieuses ou communautaires communes, ni même l'expérience traumatisante de la guerre et du nazisme, elle éprouve quelques difficultés à vibrer à l'unisson. Il lui faudra attendre la fin des années 60 pour trouver un terrain d'entente : le consensus autour d'Israël.

Le choc de la guerre des Six Jours et le retour des identités

Lorsque le 15 mai 1948 la Société des Nations reconnaît Israël comme État souverain, les Juifs de France applaudissent, mais sans plus. Le sionisme n'a jamais rencontré auprès d'eux l'écho espéré, bien que ce soit en France que Théodore Herzl ait, en pleine affaire Dreyfus et pour la première fois, pressenti la nécessité d'un État pour les Juifs[8]. Même après Vichy, les Juifs français veulent encore se persuader que la France est toujours leur *terre promise*. Si l'idée d'un État juif ne leur déplaît pas en elle-même, ils ne se sentent donc pas directement concernés. Ils le considèrent plutôt comme un État-refuge destiné à ceux qui n'ont pas, comme eux, la chance de vivre libres dans un pays démocratique. Seuls les milieux immigrés éprouvent une sympathie active pour le sionisme et c'est parmi eux essentiellement que se recrutent les quelques *olim* venus de France.

Mais avec la guerre des Six Jours qui éclate en juin 1967, tout bascule. Pour la première fois depuis leur émancipation, les Juifs français, toutes origines et convictions confondues, se sentent unis dans la même angoisse devant la menace de disparition d'Israël. L'événement produit un effet d'électrochoc, y compris chez les plus déjudaïsés ; il réveille un sentiment de

8. Cf. Théodore Herzl, *L'État des Juifs*, Paris, La Découverte 1989, dans la nouvelle traduction de Claude Klein, suivi d'un « Essai sur le sionisme », du même T. Herzl, considéré comme le père du sionisme politique moderne.

solidarité et de responsabilité à l'égard de ce pays auxquels ils se sentent soudainement viscéralement attachés par une infinité de liens complexes. A partir de là, le rapport des Juifs de France à Israël change de nature. De la sympathie distanciée, il prend chez beaucoup un caractère d'identification passionnelle qui s'exprime à travers un soutien inconditionnel.

Les Juifs de France sont donc dans leur écrasante majorité, sinon sionistes, du moins pro-israéliens. Divers facteurs peuvent expliquer cette attitude. Après une longue période de latence et à la suite d'une série d'affaires[9], le traumatisme du génocide retrouve, à partir des années 70, une certaine acuité dans la conscience collective et les mémoires individuelles. Cette nouvelle sensibilité est par ailleurs entretenue par des résurgences périodiques de l'antisémitisme, manifestées sous forme d'attentats ou de déclarations publiques[10]. Cette situation conforte les Juifs de France dans leur conviction qu'Israël demeure bien leur seul garant contre l'adversité. Mais à présent, ils se sentent eux aussi concernés. Cette raison à elle seule suffit, à leurs yeux, pour justifier leur soutien. Mais ce soutien n'est pas dû aux seuls facteurs négatifs.

Israël représente aussi beaucoup plus que cela. Pour nombre de Juifs, notamment les plus éloignés de toute pratique religieuse, de toute culture ou vie juive — et ils représentent une proportion appréciable quoique difficile à évaluer —, la solidarité avec Israël tient lieu et place de synagogue et de rite. Israël constitue l'attache ultime qui les lie à un judaïsme devenu évanescent, faute de contenus. Pour d'autres, plus au fait de la réalité du judaïsme, Israël symbolise et représente à lui seul la

9. Dans le courant des années 70, diverses affaires ont remis le génocide à l'ordre du jour. Des déclarations au journal *L'Express* de Louis Darquier de Pellepoix, ancien commissaire aux Affaires juives sous le gouvernement de Vichy, affirmant que « seuls les poux avaient été gazées à Auschwitz », aux thèses « révisionnistes » niant la réalité de l'existence des chambres à gaz. Sur ce point, voir les excellentes mises au point de Pierre Vidal-Naquet et Nadine Fresco.

10. Parmi celles-ci, la petite phrase du général de Gaulle, prononcée en novembre 1967 au cours d'une conférence de presse, qualifiant les Juifs de « peuple d'élite, sûr de lui et dominateur », fait l'effet d'une bombe. Pour la première fois depuis l'après-guerre est officiellement violé un tabou. La plupart des historiens de cette période considèrent que cette déclaration déverrouille les inhibitions et contribue à relégitimer un certain discours antisémite.

continuité de l'histoire nationale, culturelle, religieuse des Juifs. Il constitue la substance même de l'être juif, indépendamment ou non de sa définition politique et étatique.

Mais la victoire éclair d'Israël produit aussi d'autres effets. La reconquête de la vieille ville de Jérusalem et des hauts lieux de l'histoire juive déclenchent une vague de mysticisme fortement teintée de messianisme en Israël même et dans la diaspora. Ce sera le début de ce que certains appellent « le retour du religieux » : il se traduit par une remontée sensible de religiosité et par un renouveau d'intérêt et de goût pour l'étude traditionnelle juive.

Ce nouveau phénomène est porté par l'air du temps qui caractérise la fin des années 60, années de la contre-culture, des retours identitaires, de la quête de nouveaux sens à donner à l'existence, des remises en question de certaines des valeurs de la société bourgeoise et de la rationalité moderne. On redécouvre les charmes de la tradition, on prend goût à l'exotisme. Très curieusement le vaste mouvement de libération sexuelle qui balaie l'Occident et l'émergence de nouvelles orthodoxies religieuses, juives ou chrétiennes, se manifestent simultanément et touchent souvent les mêmes individus. L'un et l'autre sont quelques-unes des formes de contestation de la modernité, ses sous-produits, les signes annonciateurs de la postmodernité.

Une postmodernité juive ?

Comment comprendre cette nouvelle phase ?

On peut interpréter ce désir de redécouverte, et pour certains, ce retour au judaïsme, comme l'aboutissement d'évolutions convergentes au sein de la société française. Y voir notamment l'effet d'une mobilité ascendante des couches moyennes dont les Juifs ont bénéficié avec d'autres catégories de population. Libérés des soucis matériels et n'ayant plus à faire la preuve de leur loyauté, les Juifs peuvent enfin se mobiliser sur d'autres objectifs ressentis comme importants à cette étape de leur histoire.

On peut y voir aussi l'effet de ce que certains appellent la mort des idéologies. On sait que chez beaucoup de Juifs le militantisme de gauche et d'extrême gauche remonte à une tradition déjà séculaire (cf. *supra*). Cette propension juive à l'action de type révolutionnaire a même été interprétée comme une forme de sécularisation de la tradition des prophètes[11]. On en connaît les suites : la vague de reflux de la fin des années 60 et le mouvement de repli d'ex-militants sur des objectifs particularistes, régionaliste, écologiques ou de type identitaire. Le même processus s'est produit en milieu juif où il n'a pas été le seul fait d'anciens militants mais de Juifs simplement en voie de déjudaïsation : « Juifs imaginaires », comme celui décrit par Alain Finkielkraut[12], Juifs en rupture de repères, de traditions, de racines culturelles propres. De Juifs qui comprennent alors que la défense des causes universelles ne peut faire l'économie d'un ancrage spécifique. Indicateur en creux des déceptions ressenties face aux mirages de la modernité technocratique, cette réorientation des désirs indique aussi les désillusions face aux promesses non totalement tenues de l'assimilation.

Quant à la mobilisation autour d'Israël, elle aussi suscite quelques désillusions. Si Juin 67 a marqué le paroxysme de l'enthousiasme, il annonce également le début d'une nouvelle période particulièrement difficile pour Israël, infiniment déchirante pour les Juifs de diaspora. Sans remettre en cause l'attachement inconditionnel au principe de l'existence de l'État, certains commencent à envisager une position plus critique envers la politique de ses gouvernements successifs incapables de régler le problème des territoires, et partant de la paix. Des opérations militaires contestées, puis l'Intifada allongent désespérément la liste des victimes de part et d'autres et ne parviennent plus à convaincre l'opinion publique ni l'opinion juive. Par-delà un consensus de façade affiché vis-à-vis de l'extérieur, l'unanimité tend à devenir un mirage. Les jeunes en particulier ont plus de difficultés que leurs aînés à s'identifier à un pays dont l'image est ternie.

Mais les Juifs de France découvrent aussi d'autres pôles de mobilisation qui vont s'affirmer tout au long des années 80. Un désir grandissant de redonner une vitalité et une convivialité à la vie juive commence à se faire sentir alors. Cette tendance est particulièrement sensible chez les jeunes adultes appartenant

---

11. Sur ce point il suffit de se reporter à l'étude de MICHAEL LOWY, *Rédemption et Utopie. Le judaïsme libertaire en Europe centrale.* Paris, PUF, 1988.

12. Alain FINKIELKRAUT, *Le juif imaginaire,* Paris, Seuil, 1980.

aux classes moyennes et cultivées. Elle se caractérise par de nouvelles formes d'implication juive, intellectuelles et religieuses, l'une n'étant pas exclusive de l'autre.

La curiosité et l'intérêt qui se manifestent par une demande grandissante de connaissances juives, historique, culturelle, religieuse ou linguistique, trouvent satisfaction dans une production éditoriale à thèmes juifs en plein essor, ainsi que dans les nombreuses facultés qui ouvrent des sections d'études juives à partir de cette époque, et dans les non moins nombreux cercles d'études[13] créés un peu partout en France, soit à partir d'initiatives individuelles, soit par les institutions communautaires, soit encore par des groupes particulièrement actifs qui se spécialisent dans la rejudaïsation de la jeunesse juive[14]. Cette demande de connaissance complète chez certains le désir de renouer avec un mode de vie ou de convivialité juive.

Ainsi, le judaïsme français que certains croyaient condamné à disparaître pour cause d'assimilation trop poussée, offre aujourd'hui l'image d'un microcosme en plaine effervescence, traversé de conflits, donc bien vivant. Le foisonnement des courants et des mouvements plus ou moins informels — allant des juifs laïcs aux néo-orthodoxes, des pro-israéliens aux « diasporistes » — qui s'y manifestent, échappe en partie au contrôle d'institutions communautaires elles-mêmes en pleine recomposition. Passée progressivement entre les mains des Juifs séphardes, plus actifs et plus motivés par la vie communautaire juive

---

13. Les cercles d'études appartiennent à une longue tradition intellectuelle et religieuse. Centrés sur l'étude des textes de la tradition, ils réunissaient des hommes, pratiquants, désireux de transmettre et d'approfondir leur savoir. Les nouveaux cercles qui se sont ouverts dans les années 80 présentent des caractéristiques inédites : ils attirent un public plutôt jeune, souvent non ou peu pratiquant, de formation laïque, avec une forte proportion d'universitaires et diplômés et, fait récent en France, les femmes sont admises dans beaucoup d'entre eux. Fait nouveau également à mettre au compte de la sécularisation, non seulement la participation à ces cercles ne présuppose et n'exige aucune obligation en matière d'observance religieuse, mais plus encore on y procède à une approche des textes qui associe les règles traditionnelles de l'herméneutique juive à la lecture critique des sciences sociales et humaines.

14. Les Loubavitch occupent une place particulièrement importante parmi ces groupes. Adeptes d'un courant revitaliste né en Europe orientale, les Loubavitch ont une vocation missionnaire en milieu juif.

que leurs prédécesseurs d'origine européenne, ces institutions sont en voie d'effectuer un tournant stratégique assez spectaculaire. Un courant de plus en plus influent au sein du nouveau leadership communautaire semble en effet vouloir infléchir assez sensiblement la politique de modération, d'intégration et d'alignement sur les valeurs laïques de la république, qui avait été suivie par la génération des dirigeants d'après guerre. La tendance actuelle se caractérise au contraire par une volonté d'affirmation plus poussée de la spécificité juive, particulièrement sensible dans deux domaines : celui du soutien à Israël, qui se veut plus radical, et celui du religieux. En ce qui concerne le second, on constate une emprise de plus en plus grande de la minorité orthodoxe sur les institutions centrales[15], y compris sur les institutions laïques, ce qui peut laisser craindre une tendance au repli, contraire à la tradition franco-juive des deux derniers siècles. Cette évolution doit toutefois être resituée dans un contexte plus large. On constate en effet que des phénomènes analogues de radicalisation ou d'affirma-

15. Ce sont essentiellement le Fonds social juif unifié qui gère et subventionne un grand nombre d'institutions et d'activités à vocation sociale, pédagogique et culturelle : écoles juives, centres communautaires, foyers d'étudiants, restaurants universitaires, maisons de retraite, etc., et le Consistoire qui gère et administre tout ce qui est relatif à la vie religieuse : l'accomplissement des rites de passage nécessitant l'intervention de personnel religieux ; tels que mariage, circoncision (pour les enfants mâles à l'âge de huit jours), *bar-mitzva* (rite de passage marquant la majorité religieuse des garçons à 13 ans), décès ; l'administration et l'entretien des synagogues et du personnel religieux (rabbins, chantres, instructeurs, bedeaux, etc.) ; l'instruction religieuse des enfants (Talmud, Torah). Le Consistoire comporte deux grandes instances : le Consistoire central (Union des Associations cultuelles israélites de France et d'Algérie) qui a pour fonction le maintien d'un contact permanent avec l'ensemble des consistoires départementaux et régionaux, la formation et la nomination de rabbins dans les communautés. Il assure le fonctionnement du Séminaire israélite. Enfin, il est l'organe représentatif du judaïsme français auprès des pouvoirs publics. Il est dirigé par un président laïque, qui siège à la tête d'un conseil d'administration, et un Grand Rabbin qui a autorisé en matières religieuses et agit dans le cadre du Grand Rabbinat. Au côté du Consistoire Central, le Consistoire de Paris (Association Consistoriale Israélite de Paris) assume les mêmes tâches pour la capitale et la banlieue (50 % de la population juive). Il abrite le Tribunal rabbinique qui s'occupe des questions de conversions et de divorces religieux, d'abattages rituels pour la viande cachère. C'est lui également qui délivre le label cacher. Depuis la séparation de l'Église et de l'État, les Consistoires sont constitués en Associations cultuelles, Loi de 1901.

tion religieuse se produisent un peu partout dans le monde. Il convient d'ajouter enfin pour conclure, que ces tendances, largement amplifiées par les media, semblent, à l'heure actuelle être somme toute assez peu représentatives des comportements de l'ensemble des Juifs de France. Relativement peu impliqués dans ces instances, ceux-ci restent dans leur grande majorité profondément attachés aux acquis culturels et sociaux ainsi qu'aux valeurs et principes de la laïcité qu'ils n'entendent pas voir remis en cause.

Quelles que puissent être leurs options individuelles quant au type de judaïsme qu'ils entendent transmettre à leurs enfants, les Juifs de France des années 90 ont la ferme conviction que c'est uniquement dans ce cadre laïc, c'est-à-dire dans un climat de tolérance et de respect mutuel, que ceux d'entre eux qui le désirent pourront continuer à approfondir leur connaissance de la tradition juive.

QUELQUES DÉFINITIONS UTILES

Ashkenazes : de l'hébreu *ashkenaze* : Allemagne. Désigne par extension les Juifs originaires d'Europe centrale et orientale, par opposition aux Juifs orientaux.
Bible : comprend les cinq livres de Moïse (le Pentateuque), les prophètes et les écrits (Psaumes, Proverbes, Ecclesiaste, Cantique des cantiques, Lamentations de Jérémie, Livres de Daniel, de Ruth et d'Esther, Néhémie et Esdras et les Chroniques).
Bund : parti socialiste juif fondé en Russie en 1897.
Cacher : désigne les aliments conformes aux prescriptions religieuses juives.
Consistoire : institution créée par Napoléon Ier, dans le but d'organiser et de veiller sur le culte israélite. Depuis les lois de séparation, il est constitué en association cultuelle.
Génocide : désigne l'entreprise d'extermination des Juifs d'Europe menée par l'Allemagne nazie. Les termes de « Shoah » et d'« holocauste » sont également utilisés.
Nations juives : ancienne appellation des communautés juives de France sous l'Ancien Régime.
Olim : mot hébreu utilisé pour désigner les Juifs de diaspora qui partent s'établir en Israël.
Protocoles des Sages de Sion : faux procès-verbaux forgés par des membres de la police secrète tsariste et largement diffusés dans le monde aux fins de propagande antisémite. Inspirés d'un roman allemand publié à Berlin en 1868, les *Protocoles* en reprennent un discours, fictif mais donné pour vrai, prononcé par l'un des personnages lors d'une assemblée secrète des « Élus l'Israël » au cimetière de Prague, révélant une prétendue conspiration juive pour dominer l'univers.

Rites de passage : ce sont essentiellement la circoncision des enfants mâles à l'âge de huit jours, la *bar mitsvah*, qui marque la majorité religieuse des garçons à 13 ans et leur entrée effective dans la communauté religieuse, la *bat mitsvah*, qui marque la majorité des filles à 12 ans (ce rite est récent et diversement admis selon les communautés), le mariage et le décès.
Sépharades : mot hébreu signifiant Espagne. Il désigne les Juifs d'Espagne et du Portugal, puis par extension l'ensemble des Juifs du Bassin méditerranéen dont une large proportion sont effectivement les descendants de ces Juifs espagnols après qu'ils eurent été chassés de la péninsule Ibérique par l'Inquisition et dispersés sur les deux rives de la Méditerranée.
Talmud : vaste recueil d'enseignements en hébreu et en araméen. Il en existe deux rédactions, celle du Talmud de Jérusalem, achevée vers le IVe siècle et le Talmud de Babylone, beaucoup plus important par son étendue et son contenu, achevé vers 500. Le Talmud comprend deux niveaux, le niveau juridique, qui constitue le commentaire de la Loi et qui procède par jurisprudence, et le niveau légendaire, constitué de fables, de récits et de symboles. Après la clôture du Talmud proprement dit, la pensée rabbinique a continué, et continue toujours, à produire une vaste littérature de type talmudique.
Torah : mot hébreu signifiant enseignement, loi. Au sens large, il désigne l'ensemble de la Loi, écrite et orale, Bible et Talmud ; dans un sens plus étroit il désigne le Pentateuque, c'est-à-dire les cinq Livres de Moïse (Genèse, Exode, Lévitique, Nombres et Deutéronome).

BIBLIOGRAPHIE

Histoire des Juifs en France

BÉATRICE PHILIPPE, *Être juif dans la société française, du Moyen Âge à nos jours*, Paris, éd. Montalba, 1979.

Période moderne

MICHAEL R. MARRUS, *Les Juifs de France à l'époque de l'Affaire Dreyfus*, Paris, Calmann-Lévy, 1972.

Le génocide, Vichy et les Juifs

FRANÇOIS BEDARIDA, *Le nazisme et le génocide. Histoire et enjeux*, Paris, Nathan, 1989, 64 p.

MICHAEL R. MARRUS, ROBERT O. PAXTON, *Vichy et les Juifs*, Paris, Calmann-Lévy, 1981.

Les Juifs aujourd'hui

DOMINIQUE SCHNAPPER, *Juifs et Israélites*, Paris, Gallimard, 1980, coll. « Idées ».

Quelques revues juives

Les Nouveaux Cahiers
Pardès

LE CATHOLICISME ENTRE « INTRANSIGEANTISME » ET OUVERTURE

par Danièle HERVIEU-LÉGER

Un spécialiste français de la sociologie du catholicisme qui a un don pour les titres qui font image a publié, il y a quelques années, un ouvrage intitulé *Le Catholicisme, c'est un monde*. A ce « monde », lui-même avait consacré toute une série de livres fort volumineux. Or il me faut, ce soir, en moins d'une heure, dresser un tableau actuel d'un univers aussi complexe, sachant — de plus — qu'il n'est pas possible de parler du présent sans faire référence à l'histoire. Cette difficulté est celle que rencontrent tous les conférenciers qui se présentent devant vous : toute religion est « un monde »... Je vais compliquer encore un peu plus le jeu, en ce qui me concerne, en introduisant — avant de parler de l'Église catholique romaine — quelques remarques préliminaires sur le christianisme en général. Je ne parlerai pas de la doctrine chrétienne comme telle, mais plutôt des caractéristiques spécifiques du christianisme comme religion. S'agissant des aspects doctrinaux, ceux parmi vous qui ne sont pas d'origine chrétienne ou qui n'ont reçu aucune éducation chrétienne trouveront facilement des indications dans n'importe quelle bonne encyclopédie. Il est moins aisé de comprendre ce qui fait la continuité et la discontinuité du christianisme, par rapport à la tradition juive dont il sort, et dont il se sépare. Pour le bon enchaînement de ces conférences, il est donc nécessaire de s'attarder un peu sur ce point.

La prédication chrétienne des origines

— Une remarque préliminaire : Le christianisme est fondé — je n'y insiste pas — sur la foi en Jésus, fils de Dieu et sauveur des hommes dont il a pris la condition humaine jusque dans la mort, et parmi lesquels il demeure présent par son Esprit. Cette foi repose sur le témoignage de ses disciples, qui l'ont suivi au cours de sa vie, et qui se portent garants de sa résurrection. Mais ce témoignage, consigné dans les Évangiles, ne constitue pas une biographie de Jésus, au sens où des historiens établiraient une histoire de sa vie. Écrits plusieurs années après la mort de Jésus, ces textes constituent une relecture croyante de l'expérience que les disciples ont faite et qu'ils cherchent à communiquer à d'autres. Avec beaucoup de prudence, les exégètes (les spécialistes de textes) ont mis à jour les éléments qui peuvent être considérés comme des caractéristiques spécifiques de la prédication de Jésus de Nazareth.

— Premier point : l'événement que constitue la prédication de Jésus n'est pas un événement isolé. Il intervient dans un pays occupé par les Romains, où l'effervescence religieuse est considérable, et où de nombreux « maîtres » prêchent une vie juive rénovée et intense. Jésus appartient au courant dit « baptiste ».

— Cependant, il est clair que la prédication de Jésus rencontre un écho tout à fait exceptionnel, qu'il exerce une extraordinaire attraction sur les foules qui l'entendent, et, inséparablement, qu'il suscite une formidable hostilité du côté des milieux religieux. Cette hostilité le conduira à la mort. Le conflit qui oppose Jésus aux milieux religieux juifs de son temps porte sur la conception même de la religion et de l'obéissance à la Loi de Dieu. Il met en question le système sacrificiel, et plus largement il conteste une vision religieuse du monde et de la société fondée sur la séparation radicale du pur et de l'impur (dans le domaine de l'alimentation, dans le domaine des relations humaines, dans le domaine des rapports politiques, etc.). Selon la prédication chrétienne, l'observance des prescriptions de la Loi n'est pas une fin en soi : ce qui est agréable à Dieu, c'est un cœur transformé, et l'obéissance à la Loi doit signifier cette conversion intérieure. Il serait complètement faux d'imaginer que cette conception intérieure et personnelle de la Loi ait été étrangère à la tradition juive. Cette perspective était partagée à l'intérieur même du judaïsme. Mais elle se heurtait au ritualisme de certains courants du judaïsme établi et elle mettait directement en cause le pouvoir d'un clergé intéressé à la défense de l'observance pour elle-même. Cette conception de l'obéissance à Dieu comme disposition intérieure changeant la relation à l'autre, plutôt que comme manifestation extérieure tendant à séparer les vrais fidèles du reste de l'humanité, était porteuse de conséquences sociales considérables. D'où l'hostilité qu'elle a suscitée du côté de ceux qui détenaient le pouvoir dans la société aussi bien que du côté de ceux qui exerçaient le pouvoir religieux.

— Mais l'élément central de la prédication de Jésus de Nazareth, qui lui confère sa spécificité par rapport aux courants juifs qui prônaient également la conversion personnelle, c'est l'annonce de la proximité du Royaume de Dieu. Cette dimension « eschatologique » est essentielle au changement du cœur. Celui-ci prend tout son sens par rapport à la venue imminente du règne de Dieu, qui fera toutes choses nouvelles. On comprend que ce message ait eu un écho considérable parmi les petites gens, souffrant de l'oppression romaine, qui entendaient cette annonce comme une promesse de libération. Là encore, Jésus n'est pas le seul à annoncer la venue prochaine du royaume messianique. Les zélotes en appellent également à la venue d'un messie libérateur. Mais ils conçoivent cette libération dans un sens directement politique, comme le rétablissement de la souveraineté d'Israël et son triomphe parmi les nations. La spécificité de la prédication de Jésus réside dans le fait que ce changement radical est conçu en termes strictement spirituels (la libération du péché) et sociaux (la fin des divisions entre les hommes), et non pas en termes politiques. Jésus refuse d'ailleurs pour lui-même le titre de « messie », parce qu'il refuse d'en assumer le sens politique : celui de chef de guerre triomphant de l'armée des oppresseurs. Le titre messianique ne lui sera attribué que plus tard dans la tradition chrétienne. Pour ceux qui l'entourent, et pour lui-même, il est un « prophète » qui annonce le Royaume, et qui l'inaugure par sa vie elle-même. Dans la personne de Jésus, le Royaume est « déjà là », et pourtant encore « à venir ».

— C'est dans ce contexte « eschatologique » que l'expérience communautaire effectuée par les disciples prend également son sens. Toute cette expérience communautaire repose sur la foi des disciples dans la résurrection de Jésus : résurrection qui n'est pas un fait historique, au sens ordinaire du mot, mais un événement de la foi, en ce sens qu'il ne se comprend qu'à l'intérieur de la conviction fondamentale qu'ont les disciples que Jésus, supplicié au Golgotha, est présent au milieu d'eux, comme le premier témoin du Royaume de Dieu, dans lequel eux-mêmes sont appelés à vivre.

Des premières communauté chrétiennes à l'institution catholique

Les premières communautés chrétiennes se sont donc organisées, et elles ont vécu en fonction de cette conviction d'un retour imminent du Christ, instaurant complètement ce règne de Dieu inauguré par sa vie dans le monde. Par leur mode de vie (vie et prière commune, partage intégral des biens entre tous les frères), les premiers chrétiens anticipaient, en quelque sorte, ce monde nouveau tout proche, dans lequel « chacun serait tout à tous », sans violence et sans inégalités.

Puis, au fur et à mesure que l'attente se prolongeait, il a bien fallu renoncer à l'idée d'une venue immédiate du Royaume, et se préparer à s'organiser pour la durée. La vie des communautés constituait toujours le premier témoignage des frères, signifiant, par leurs relations entre eux, ce qu'était la promesse faite aux disciples par Jésus. Mais il fallait aussi transmettre cette promesse à ceux, plus jeunes, qui n'avaient pas connu Jésus vivant, ni aucun des disciples qui avaient eu avec lui des rapports directs. D'où la nécessité d'une formulation théorique des grandes affirmations de la foi chrétienne, et l'élaboration progressive d'un credo, d'un corps de vérités à préserver et à transmettre. D'où également la nécessité de maintenir vivants, dans la conscience des fidèles, le souvenir des épisodes fondateurs de la vie de Jésus, en reprenant, sur un mode symbolique, ses gestes et ses paroles : c'est là la fonction des rites.

Il faut bien se rendre compte que cette élaboration progressive de la doctrine et des rites chrétiens ne s'est pas faite en un jour, ni même en quelques générations. C'est un processus de longue durée qui a été marqué par des transactions entre la religion nouvelle en train de se constituer et des traditions religieuses et philosophiques plus anciennes : échanges avec les différents courants de la tradition juive ; échanges avec les différents courants de la tradition grecque. La synthèse chrétienne s'est construite peu à peu, à travers des réinterprétations continuelles de ce qu'avait signifié l'expérience première des disciples réunis autour du prophète de Nazareth. Jésus lui même n'a pas fondé une Église, ni même une religion nouvelle : c'est ce travail de réinterprétation et d'actualisation continuelles de la prédication primitive (travail qui se prolonge en fait dans la vie présente des Églises chrétiennes) qui constitue en propre le mouvement de la tradition chrétienne. Mais dans ce mouvement demeure toujours présente cette tension spécifique de l'expérience des premières communautés chrétiennes : tension entre le retrait du monde que justifie l'imminence de la venue du Royaume (à quoi bon se soucier du présent si Dieu fait toutes choses nouvelles ? Seule la conversion importe), et le souci d'assurer la présence du christianisme dans la réalité telle qu'elle est, au nom de l'incarnation même de Jésus (Dieu ayant pris la condition de l'homme).

Ce long travail d'élaboration de la tradition chrétienne, qui a suscité des débats considérables aussi bien sur le contenu de la foi que sur la manière d'organiser l'Église, a été le fait des communautés des premiers siècles. Mais rapidement, il a été pris en charge, dans ces communautés, par des spécialistes spécialement préparés et entraînés : les prêtres, d'une part, à qui était remise l'exclusivité du pouvoir rituel ; les théologiens, d'autre part, qui travaillaient à construire la théorie chrétienne. Cette division du travail religieux, qui sépare la masse des laïcs de ceux qui gèrent la tradition, et qui place les premiers sous la dépendance entière des seconds, donne à l'Église chrétienne sa figure hiérarchique particulière.

Cette construction systématique d'un système socio-religieux (à la fois doctrine et organisation) est à la fois l'expression du succès extraordinaire de la prédication chrétienne (la multiplication et la diversification des communautés obligent à rationaliser leur fonctionnement et leurs croyances) et le moyen de son influence sur l'ensemble de la société et de la culture, aux différentes époques. Il ne faut pas dire trop vite que ce processus d'institutionnalisation a été une trahison de l'inspiration évangélique primitive : il faut aussi réaliser que l'œuvre des théologiens a constitué, en Occident, le levier d'un exceptionnel enrichissement intellectuel et culturel, dont procèdent largement notre philosophie et notre science la plus moderne. Mais il est vrai que cette mobilisation de l'intelligence s'est faite sur fonds de renforcement d'un pouvoir institutionnel, très éloigné du régime communautaire des origines. Pourtant, en même temps que s'affirmait la puissance d'une Église conçue comme une société hiérarchisée, la mémoire de l'égalité entre les frères, caractéristique des communautés primitives et annonciatrice du Royaume de Dieu, n'a jamais été gommée. Elle a constitué, tout au long de l'histoire de l'Église, un formidable ferment de renouveau et servi de référence à toutes sortes de mouvements de réformes, non seulement religieuses mais sociales. Car l'image du Royaume où tous les hommes connaîtraient le bonheur dans l'égalité parfaite n'a pas seulement nourri des critiques d'une Église plus ou moins compromise avec les puissances du monde ; elle a aussi alimenté l'espérance d'un monde radicalement nouveau d'où toutes les inégalités seraient bannies. De nombreux mouvements de révolte, des soulèvements populaires ont puisé leur inspiration dans ce fonds utopique du christianisme. En même temps, l'Église a fourni pendant des siècles en Occident le modèle achevé de toute institution, modèle qu'on retrouvait dans les institutions civiles, politiques, familiales. On ne comprend bien l'influence considérable du christianisme sur notre culture et sur notre histoire que si on la situe au croisement de ces deux sources : institution d'un côté (identifiée à l'ordre même de la société), utopie de l'autre (alimentant, dans cette société, des aspirations et des mouvements qui ont constitué, pendant des siècles, le principal levier du changement social).

Pendant les trois premiers siècles, l'annonce du renouvellement des rapports humains dans un monde nouveau reste assez profondément imprégnée d'eschatologisme, c'est-à-dire qu'elle reste associée à l'idée du retour prochain du Christ. De ce fait, elle demeure non politique : le Royaume annoncé ne se situe pas sur le même plan que les royaumes de la terre. Et il est ouvert à tous les hommes qui se convertissent, à l'humanité entière et non pas à un peuple en particulier. Cette « indifférence politique » du christianisme primitif, sur fond d'utopie sociale radicale, est à la fois la raison de son succès auprès de tous ceux, juifs et non-juifs, qui sont les victimes les plus directes de l'oppression politique et sociale, et la raison des persécutions qu'il subit dans l'empire romain. Parce que les chrétiens refusent le culte — idolâtrique à leurs yeux — de l'empereur, ils sont pourchassés comme des fauteurs potentiels de troubles politiques, porteurs d'un message de subversion sociale.

Comment est-on passé de cette religion de parias, se développant sur les marges de la société romaine, à cette institution centrale de la société qu'est l'Église médiévale ?

Le basculement s'opère en 312 avec la conversion de l'empereur Constantin : à travers l'empereur, c'est la société tout entière qui devient chrétienne, et le christianisme se transforme en religion de l'État. Dans cette mutation considérable, l'utopie chrétienne d'un monde nouveau va progressivement se confondre avec la vision d'une société tout entière chrétienne, c'est-à-dire tout entière soumise à l'autorité de l'Église. Cela ne signifie pas que l'Église exerce directement le pouvoir politique : dans la chrétienté, les pouvoirs civils et religieux restent, en général, séparés, mais l'autorité religieuse surplombe, en quelques sorte, toutes les autorités de la terre : elle leur donne leur véritable signification et leur finalité, qui est de faire régner sur la terre les valeurs chrétiennes. Ce pouvoir symbolique s'inscrit concrètement dans l'ensemble des institutions médiévales et dans le droit qui régit la société. Dans ce processus, le pouvoir de la caste cléricale se renforce progressivement, ainsi que l'autorité de l'Église de Rome en Occident. L'orthodoxie se fait de plus en plus rigide, et la chasse à l'hérésie est le moyen de régler des conflits qui sont autant politiques que religieux. Cette orientation politique de l'institution et son implication massive pour le contrôle du pouvoir dans la société vont, à partir du XIVe et surtout à partir du XVIe siècle, subir les assauts de divers courants qui prônent un retour à l'authenticité évangélique du christianisme.

L'Église et la poussée de la modernité

Mais l'ébranlement vient d'abord de la société elle-même, travaillée par l'émergence du monde moderne. Le XVIe siècle, c'est le siècle des grandes découvertes qui bouleversent l'univers des connaissances, qui secouent les représentations d'un monde stable, fini et clos sur lui, et qui donnent naissance à l'humanisme de la Renaissance. Dans ce grand mouvement culturel, tout se tient : les avancées technologiques qui commencent à libérer l'homme de l'esclavage à l'égard de la nature (la meilleure maîtrise des techniques de l'agriculture par exemple), les changements économiques et sociaux (dont on perçoit les premières ondes dès le Moyen Age, avec l'avènement des marchands et le développement des villes), la découverte des autres continents (qui relativise le monde occidental et ses institutions), la mise en place, grâce à la science, d'une nouvelle manière de penser l'univers, et la place de l'homme dans cet univers : un tournant majeur, dans cette mutation scientifique, est la découverte de Copernic, qui substitue une conception héliocentrique (le soleil au centre) de l'univers au système hiérarchisé hérité de la physique et de la cosmologie d'Aristote. Tout bascule en même temps : manières de faire, manières de vivre, et aussi manières de penser, dont l'imprimerie assure la diffusion dans toute la société. Cette « révolution » des mentalités implique une réorganisation en profondeur des rapports entre la religion, l'homme et la société. Car ce monde moderne en train de naître affirme son autonomie, par rapport à toutes les lectures religieuses de l'ordre du monde. Il manifeste l'extraordinaire pouvoir de création des hommes, et leur capacité de modeler leur propre monde. Plus l'homme s'affirme comme le maître de son monde, et moins il se sent dépendant d'un créateur que l'Église représente sur la terre. Cette émancipation se traduit, entre autres, par l'affirmation de plus en plus nette du primat de la conscience individuelle sur toute autre autorité extérieure.

Cette mutation de la culture et des valeurs n'invalide pas le christianisme (il ne faut pas oublier que c'est à l'intérieur du christianisme que s'est progressivement élaborée cette vision d'un homme responsable du devenir de la création et de l'histoire). Mais elle produit des transformations à l'intérieur même de l'univers religieux occidental. La Réforme protestante, qu'inaugure, en 1517, la proclamation des 95 Thèses de Luther, exprime, à travers sa conception du salut, de la grâce et du rôle de l'Église, cet avènement moderne de l'individu (cet aspect des choses sera précisé dans la prochaine conférence). Elle reprend, dans des termes nouveaux, l'idéal de la conversion personnelle de chaque croyant. Cet idéal de perfection chrétienne n'avait jamais été abandonné, mais il était essentiellement le fait des moines qui vivaient leur vocation hors du monde, dans la retraite d'un couvent. Avec la Réforme, chaque croyant est invité à vivre sa vocation, de façon parfaite, dans le monde, en se consacrant à cette rationalisation du monde dont l'homme du XVIe siècle découvre la possibilité et la nécessité.

A l'intérieur de l'Église également, des exigences spirituelles nouvelles, liées à cette nouvelle situation culturelle font leur apparition. Il y a un besoin très fort de renouvellement intellectuel et d'approfondissement de la piété. Des hommes d'Église, des laïcs réclament de profondes réformes de l'institution, qui la rendent plus apte à conduire une christianisation en profondeur de la société. Mais ce grand mouvement de réforme interne du catholicisme, connue sous le nom de « Contre-Réforme » est dirigé, en même temps, comme son nom l'indique, contre la Réforme. L'objectif du concile de Trente qui se réunit entre 1545 et 1563 est, à la fois, de réformer l'Église *et* de faire barrage à l'expansion de la Réforme protestante. D'où, en fait, son ambiguïté, qui va peser lourdement sur toute la suite de l'histoire du catholicisme : d'un côté, il vise à adapter l'Église au monde nouveau, en faisant en sorte qu'elle s'adresse, dans des termes nouveaux, à la conscience des individus (sous cet angle, il répond au même mouvement de pensée que la Réforme protestante) ; mais d'un autre côté, il a pour objectif de barrer la route au processus de laïcisation qui accompagne le mouvement de la modernisation, d'empêcher que des sphères de plus en plus étendues de la vie sociale échappent à la religion, et donc de réaffirmer avec une détermination plus forte que jamais l'autorité de l'institution ecclésiastique. Ce renforcement de l'institution passe en particulier par l'affirmation, qui sépare définitivement les protestants et les catholiques, selon laquelle l'autorité de la Tradition (l'enseignement de l'Église depuis les premiers siècles) s'impose aux fidèles avec une force égale à celle de la Bible. A cette position théorique correspond, en même temps, une reprise en main du clergé et des fidèles par la hiérarchie, une centralisation accrue de l'Église romaine et une insistance sur le travail missionnaire qui doit permettre de faire pénétrer en profondeur dans les consciences des fidèles la nouvelle orthodoxie catholique.

Ce tournant du XVIe siècle (dont on parle peu dans les livres d'histoire, parce que tout l'accent est mis sur la Réforme protestante) est fondamental pour comprendre la suite des relations entre le catholicisme et le monde moderne. Avec la contre-Réforme, l'Église engage une lutte frontale contre les deux aspects majeurs de la modernité : la différenciation et l'autonomisation des différentes sphères de la vie sociale (politique, économique, culturelle, etc.) désormais libérées de la tutelle de la religion d'une part, l'avènement de l'individu guidé par sa seule conscience éclairée par la raison, d'autre part. Cette orientation n'était pas fatale : l'idée de l'autonomie de la conscience du croyant est inscrite, par exemple, au plus profond de la tradition la plus ancienne du christianisme. Mais les circonstances historiques de la lutte contre le protestantisme ont conduit à un durcissement extrême de l'affirmation catholique de l'autorité de l'institution sur la société et sur l'individu.

L'ancrage du catholicisme dans l'antimodernité va s'effectuer, sur un mode dramatique, avec la Révolution française. Les choses vous sont ici, je l'espère, mieux connues. Engageant à la fois les questions de l'émancipation sociale du peuple, de la construction laïque de l'État, et de l'affirmation de l'individu-citoyen, le conflit entre la Révolution et l'Église, qui a partie liée avec l'Ancien Régime, est sans merci. Le bilan est lourd pour l'Église : il signifie, dans tous les domaines (politique, économique, universitaire, civil, etc.), la perte de son pouvoir social et la fin des anciennes missions (éducative notamment) dont elle avait la charge et à travers lesquelles elle assurait concrètement son autorité sur les fidèles. Dans la France nouvelle qu'inaugure la Révolution, chacun est libre d'avoir les croyances religieuses qu'il veut et de pratiquer comme il l'entend, mais l'État n'est plus lié à aucune religion. L'Église se trouve ainsi refoulée dans un domaine spécialisé : celui de la gestion des biens de salut. Son influence sociale se réduit (au moins tendanciellement) à son influence morale. La France vit, à travers l'événement révolutionnaire, la trajectoire accélérée, raccourcie, et ultra-violente, d'une sécularisation qui prendra, dans la plupart des autres pays modernes, la figure d'un parcours beaucoup plus progressif. Rien d'étonnant, dans ces conditions, à ce que la Révolution française ait représenté longtemps, pour la catholicité entière, l'événement diabolique par excellence, concentrant toute la perversion du monde moderne (perversion contenue déjà, en germe, dans la Réforme)...

En fait, toute l'histoire du catholicisme au XIXe siècle, et encore (sous une forme différente) pendant la première moitié du XXᵉ siècle, est l'histoire d'un combat désespéré pour endiguer les implications, en France et hors de France, de cette modernité incarnée par la Révolution française, et au-delà d'elle, par les Lumières et par la Réforme. Combat particulièrement violent en France, où l'Église va — si l'on peut dire — manquer tous les rendez-vous avec le monde moderne : rendez-vous politique avec la démocratie qui s'affermit progressivement, rendez-vous social avec les classes qui se développent avec l'avancée de l'industrialisation (l'Église « perd la classe ouvrière »), rendez-vous intellectuel, enfin, avec les progrès de la science, de la philosophie, de l'histoire qui marquent cette période. L'Église, sur tous les terrains, apparaît décalée, déphasée, incapable de parler le langage des temps nouveaux, et incapable de répondre aux questions que fait surgir la société industrielle (inégalités, pauvreté, problèmes moraux nouveaux, conflits internationaux). L'Église de la seconde moitié du XIXᵉ siècle se présente — selon le mot de l'historien Claude Langlois — comme une « forteresse assiégée », enfermée dans son refus du monde moderne et entièrement occupée de sa défense comme institution. La publication, par le pape Pie IX en 1864, du *Syllabus*, « catalogue des erreurs du monde moderne », la proclamation au Iᵉʳ concile du Vatican en 1870, du dogme de l'infaillibilité pontificale, sont les deux symboles de ce repli antimoderne de l'institution catholique.

Pourtant, l'immobilisme officiel de l'institution catholique pendant cette période ne signifie pas qu'il ne se passe rien à l'intérieur de l'univers catholique. Au contraire ! Les années qui suivent la Révolution sont marquées, en France, par un fort renouveau de la dévotion. Les vocations religieuses et sacerdotales reprennent ; on construit des lieux de culte ; de nouvelles congrégations — féminines surtout — font leur apparition ; la vie intellectuelle et spirituelle est active. On peut penser que cette intensité religieuse est le fait d'un peuple fidèle qui sert les rangs autour de son chef, dont l'autorité dans le monde est menacée. Les années 1870, qui correspondent à l'unité italienne et à la perte des États pontificaux, marquent le paroxysme de cette tendance.

Mais les années de la fin du siècle marquent l'affirmation d'autres courants qui vont entrer en conflit avec les représentants les plus durs de cet « intransigeantisme » antimoderne. Parmi ces courants, le plus important est celui du « catholicisme social » qui va progressivement contribuer à orienter autrement le rapport de l'Église à la modernité. Cela ne signifie pas que le catholicisme social accepte le monde moderne et ses valeurs : bien au contraire, il refuse avec la même fermeté les deux grandes orientations qui se partagent le monde moderne, le libéralisme et le socialisme, orientations opposées, mais qui admettent la même vision d'un monde où l'homme se suffit à lui-même et se rend indépendant de la loi de Dieu. Mais le catholicisme social rejette l'idée d'un retour possible à la chrétienté médiévale du passé. Il affirme que l'Église doit se tourner vers l'avenir et offrir au monde une autre voie que celles offertes par le libéralisme et le socialisme, en se souciant particulièrement de ceux qui sont les victimes de la modernisation (d'où son orientation « sociale »). Cette ouverture de l'antimodernisme catholique vers l'avenir va s'imposer progressivement au Vatican même. L'encyclique *Rerum novarum* promulguée en 1891 par le pape Léon XIII (le pape qui demanda aux catholiques français de se rallier à la République) constitue le symbole de cette réorientation. C'est au sein de ce « catholicisme social » qu'a germé l'inspiration de ce qui deviendra, dans les années 30, les mouvements d'action catholique (JOC, JAC, JEC, etc.) : mouvements de laïcs qui s'engageaient à agir comme des missionnaires, mandatés par la hiérarchie, au cœur de milieux professionnels (ouvrier, agricole, universitaire, etc.) devenus de plus en plus indifférents à la parole de l'Église. Ces mouvements missionnaires ont eu souvent beaucoup de démêlés avec la hiérarchie qui aurait voulu, en particulier, les empêcher de s'engager sur le terrain syndical et politique où les militants catholiques retrouvaient ceux qui, dans ces milieux, avaient le souci le plus aigu de l'amélioration de la condition de tous. Mais, à travers les crises qu'ils ont traversées, ils ont joué un rôle considérable dans le catholicisme en imposant, comme une évidence liée à la foi elle-même, l'idée d'une solidarité des catholiques avec tous les hommes de bonne volonté travaillant pour promouvoir un monde meilleur.

Bien sûr, à l'intérieur de l'Église, des courants voulaient aller beaucoup plus loin, jusqu'à la réconciliation pleine et entière du catholicisme avec la modernité. Ces « modernistes » furent, jusqu'au milieu du XXe siècle, fortement combattus par le catholicisme officiel.

Mais tous ces débats et combats montrent que l'univers

catholique n'a jamais été, même dans ses périodes de rigidité les plus dures, un univers monolithique. Tout au long du XIXe siècle et jusque dans les années 60, des tendances diverses s'y sont affrontées : elles portaient des conceptions diverses du rapport à la modernité et du rôle de l'Église dans le monde. Très grossièrement, on peut dire que la ligne de partage principale séparait ceux qui, rejetant le monde moderne, continuaient de rêver d'une chrétienté réunifiée sous la houlette de l'institution, et ceux qui, tout en étant extrêmement critiques à l'égard du monde moderne, attendaient de l'Église qu'elle apporte à ce monde, non une condamnation, mais un sens qui pourrait permettre aux valeurs de la modernité (liberté, souci de la justice, etc.) de prendre toute leur dimension. D'une certaine façon, le paradoxe chrétien des origines — celui de la visibilité sociale à donner au message de Jésus — n'a pas cessé de se jouer tout au long de cette histoire...

Le concile Vatican II

Le concile Vatican II, convoqué en 1959, à la stupéfaction générale, par le pape Jean XXIII — un homme âgé dont on pensait qu'il serait un « pape de transition » — n'a pas marqué le terme de cette histoire, mais il en constitue un tournant important. Prenant acte de ce que le monde a changé et de ce que l'Église catholique n'y trouve plus la place qui avait été la sienne pendant des siècles, le pape convoque l'ensemble des évêques du monde entier pour qu'ils réfléchissent à la situation, et pour qu'ils déterminent une orientation pour l'institution. Les cardinaux de la Curie romaine qui préparèrent le concile comptaient bien que les évêques se contenteraient de ratifier des textes préparés par eux, dans la ligne intransigeante la plus pure. Mais les choses tournèrent tout autrement : les évêques réclamèrent de discuter, chamboulèrent les textes préparés, écoutèrent des experts leur parler du monde moderne, et produisirent des orientations qui ouvraient la possibilité d'un cours nouveau pour le catholicisme. Faute de pouvoir étudier devant vous, de façon un peu détaillée, ce que fut l'événement conciliaire, je me bornerai à souligner seulement quelques-unes de ces orientations qui ont fait basculer l'univers catholique :

— Première orientation majeure : une réflexion fondamentale sur ce qu'est l'Église. Le concile rappelle que l'Église, au-delà de l'institution visible, avec ses lois et ses autorités, est l'instrument de la transmission de la révélation chrétienne à tous les hommes, et qu'elle est le « Peuple de Dieu ». (Constitution *Lumen gentium.*) Cette façon de faire passer l'idée de communauté vivante avant la conception juridique de l'institution correspond à un renouvellement théologique considérable. (Des théologiens français, les dominicains Congar et Chenu, le jésuite de Lubac, ont joué un rôle majeur dans l'élaboration de cette lecture renouvelée de l'Église.) Elle permet, en insistant sur l'idée de « communion », de penser autrement la hiérarchie ecclésiastique et les rapports entre clercs et laïcs. La notion de « collégialité », qui conduit à mettre l'accent sur le rôle collectif des évêques, prend le pas sur une vision strictement pyramidale de l'institution.

— Seconde orientation, également décisive : une autre lecture du monde moderne. La constitution sur « l'Église dans le monde de ce temps » (*Gaudium et Spes*) insiste sur l'idée qu'évangéliser, c'est avant tout travailler à « humaniser le monde ». Dire que tout ce qui promeut l'homme ouvre la voie à l'Évangile, c'est reconnaître en même temps que ce monde moderne n'est pas entièrement mauvais, mais qu'il est, au contraire, porteur de valeurs qui sont comme les pierres d'attente pour une authentique christianisation du monde. Le concile ne bénit pas le monde moderne comme tel : il souligne au contraire les limites d'un développement qui prend le bien-être matériel comme seul horizon. Mais il a, de ce monde moderne, une lecture optimiste : le monde moderne, selon les pères conciliaires, attend une parole chrétienne. On voit bien le changement radical de ton et de visée par rapport au discours de l'« intransigeantisme » ancien.

— Cette orientation positive à l'égard du monde va de pair avec l'insistance portée par le concile sur les droits fondamentaux de la personne humaine, et en particulier sur la liberté religieuse à laquelle chaque homme a droit. La Déclaration sur la liberté religieuse est peut-être le texte le plus décisif du concile, du point de vue du changement de cap qui nous intéresse ici. C'est certainement celui qui a cristallisé le plus violemment les oppositions intégristes au concile qui se prolongent aujourd'hui avec le schisme des partisans de Mgr Lefebvre. Ce texte souligne en effet le droit imprescriptible de toute conscience humaine de chercher la vérité, sans qu'elle puisse lui être imposée du dehors, et surtout par une autorité politique. Support d'une défense des individus contre tout totalitarisme, ce texte controversé met fin à l'idée que la vérité doit s'imposer comme une réalité fixée, immuable et éternelle : elle est présentée comme un horizon vers lequel chaque homme doit tendre, dans les conditions concrètes de son existence. Il n'est pas indifférent de savoir qu'un théologien américain, nourri de l'idéal démocratique inscrit dans l'expérience de la jeune république américaine, John Courtney Murray, a été un des artisans de ce texte, qui abandonne la vieille prescription « hors de l'Église point de salut », et ouvre la voie à un autre type de rapport de l'Église catholique aux autres religions du monde.

Le concile Vatican II (1962-1965) marque certainement une césure dans l'histoire récente du catholicisme, en ce qu'il fait apparaître clairement que l'Église renonce à conquérir la société et qu'elle se fixe pour but d'évangéliser les consciences. En prenant ce parti, l'Église assume sa situation dans le monde moderne, et entend y jouer son rôle. Cela ne signifie pas, redisons-le, qu'elle accepte la modernité comme un bloc. Cette modernité — elle ne l'oublie jamais — c'est aussi la modernité de l'athéisme qu'elle refuse, et la modernité des totalitarismes qu'elle lit comme une excroissance perverse du projet de l'homme de dominer le monde en se passant de Dieu. Cette orientation fait surgir, à l'intérieur du monde catholique, de nouveaux conflits : elle provoque, en particulier, la résistance de courants qui entendent préserver la pureté de la tradition intransigeante. Par ailleurs, l'application du concile, en particulier dans le domaine liturgique, ne s'est pas faite sans heurts : en supprimant le latin dans les offices, en autorisant les prêtres à porter un costume civil, en simplifiant les rituels, en effaçant certaines coutumes de l'Église qui faisaient passer au second plan l'autorité première de la Bible, le concile a donné satisfaction à certains fidèles, il en a exaspéré d'autres, attachés aux formes de la vie religieuse de leur enfance. Bref, comme toute grande réforme, le concile a produit des contradictions sociales nouvelles au sein du monde catholique. Mais, en même temps, ce vaste rassemblement d'évêques a provoqué une prise de conscience capitale : elle a permis de réaliser que le centre de gravité démographique du catholicisme ne se trouvait plus en Occident, mais dans les pays du Tiers Monde (Amérique latine, Afrique, Asie), pays pour qui la confrontation entre la religion et la modernité a un sens tout à fait différent de celui qu'il peut avoir dans les sociétés les plus avancées du premier monde. Qu'en est-il, dans ces conditions, de l'unité romaine ?

L'Église catholique aujourd'hui : un paysage contrasté

Le monde catholique, tel qu'il se présente à l'issue de cette longue trajectoire de confrontation avec le monde moderne dont le concile Vatican II a ouvert une nouvelle étape (et certainement pas la moins tumultueuse) offre à l'observation un paysage contrasté. Il nous faudrait beaucoup de temps pour en détailler les différents aspects. Contentons-nous de souligner quelques tensions significatives :

La première de ces tensions se situe dans cette inversion du poids des différentes Églises au sein de la catholicité. L'Église catholique a son centre à Rome. Son histoire est inséparable de celle de l'Occident, mais son avenir se joue, probablement, du côté des églises situées dans les pays autrefois dits de « mission » : en Afrique, en Amérique latine, en Asie, pays dont le développement démographique, comparé à celui des pays occidentaux, implique nécessairement qu'ils joueront un rôle de plus en plus déterminant dans la catholicité. Ces pays sont impatients de voir leurs traditions culturelles propres reconnues au sein d'une Église dont le langage, les symboles, les rites, la vision du monde sont complètement enracinés dans la culture occidentale. Le défi de la « catholicité » (c'est-à-dire de l'universalité) se pose aujourd'hui à travers cette question de la pluralisation culturelle du catholicisme.

Or, dans ces pays jeunes, les questions décisives sont celles du développement, de l'indépendance par rapport à l'Occident nanti, et de l'accès à la démocratie. Dans ces pays, les questions de la liberté, de la justice sociale et de la lutte contre la pauvreté ont une acuité dramatique, et les Églises ne peuvent penser leur « rapport au monde » qu'en fonction de ces enjeux qui font passer au second plan les débats occidentaux sur les rapports entre la modernité et la religion. La « théologie de la libération » née en Amérique latine, sur le terrain des luttes populaires pour une situation plus humaine, suscite, au sein du catholicisme, des débats qui manifestent l'écart (qui risque de se creuser encore) entre une Église occidentale, qui a partie liée avec les richesses et les interrogations des sociétés avancées, et une Église des pauvres, confrontée à des enjeux sociaux complètement différents. La division de la planète en deux mondes, celui du Nord et celui du Sud, travaille très profondément le monde catholique.

Mais une autre tension travaille également la catholicité : c'est la tension entre l'Ouest, démocratique, sécularisé, et religieusement indifférent, et l'Est, où la religion, apparaît, malgré des années d'oppression totalitaire, comme une forme bien vivante de vie collective et comme le terreau qui a nourri, malgré toutes les tentatives pour en finir avec la religion, les aspirations à la liberté auxquelles il est fait droit aujourd'hui. La présence à Rome d'un pape polonais, dont la volonté de rendre au catholicisme une capacité d'affirmation publique est extrêmement forte, et s'exprime dans tous ses voyages, renforce puissamment ce contraste :

A l'Ouest, on trouve des sociétés culturellement chrétiennes, mais dans lesquelles la religion est considérée comme l'affaire privée des individus qui peuvent pratiquer librement, mais qui sont de moins en moins nombreux à le faire. Moins de 10 % de pratiquants réguliers dans un pays comme la France, dite longtemps « fille aînée de l'Église » ; des prêtres vieillissants dont le nombre est passé de 46 000 en 1948 à moins de 28 000 en 1986 ; des fidèles qui attachent très peu d'importance aux directives du pape en matière de mœurs et qui se font, très délibérément, une religion « à la carte » : la civilisation paroissiale du passé — dont témoignent encore, dans notre pays, ces multiples églises dont un grand nombre, à la campagne, sont fermées ou épisodiquement desservies — a vécu. Cela ne veut pas dire que toute vitalité religieuse a disparu (nous en parlerons dans la dernière de ces conférences). Mais elle est le fait de groupes de volontaires, actifs, convaincus, mais minoritaires dans une société laïcisée en profondeur.

D'autres pays occidentaux présentent un paysage différent : c'est le cas des États-Unis par exemple, pays de pluralisme religieux, où le catholicisme — religion d'immigrants pauvres dans un pays dominé par les confessions protestantes — s'est imposé progressivement comme une Église puissante, la première du pays par le nombre des fidèles. Aux États-Unis aussi, la pratique a baissé, mais elle reste beaucoup plus élevée qu'en France (autour de 45 %). Par contre, ce catholicisme américain, qui s'est formé au contact permanent avec la culture démocratique américaine, et qui s'est battu pour s'imposer comme « pleinement américain », supporte de plus en plus mal les modes d'exercice de la tutelle romaine. Il met en question l'absence de démocratie dans l'Église, réclame avec force une pratique effective de la collégialité et se situe à l'avant-garde de la lutte contre les discriminations pratiquées par l'Église romaine à l'encontre des femmes.

Ces deux situations montrent bien la diversité du catholicisme à l'Ouest, mais l'une et l'autre manifestent combien le rapport du catholicisme avec le monde moderne reste difficile, qu'il s'agisse de faire face à cette mise en cause passive que constitue l'indifférence religieuse contemporaine, ou qu'il s'agisse de se situer par rapport aux revendications mises en avant par des fidèles qui veulent que les valeurs de la modernité (démocratie, liberté de la conscience individuelle) soient mises en œuvre à l'intérieur de l'institution elle-même, et pas seulement revendiquées à l'égard de la société.

A l'Est au contraire, le catholicisme semble s'être renforcé de l'oppression même qu'il a subi. Face à l'effondrement du système et des valeurs communistes, il apparaît comme capable d'offrir aux individus une identité, un idéal mobilisateur, le support d'une communauté, la possibilité de recouvrer une mémoire et une vision de leur avenir.

Comment le Vatican fait-il face à cette double tension ? A l'évidence, l'optimisme de Vatican II à l'égard du monde porteur des « signes des temps » n'est plus aussi net. L'Église de Jean-Paul II souligne davantage les contradictions de ce monde moderne qui prône la liberté, mais développe l'aliénation des individus, qui affirme sa maîtrise sur la nature, mais détruit l'environnement, qui parle de bien-être, mais réserve ce bien-être à quelques-uns. L'Église marque son « option préférentielle pour les pauvres ». Elle affirme également son rejet de certaines des conquêtes de la science moderne, en particulier dans le domaine de la biologie. Si je rapproche ces deux faits, qui apparemment ne se situent pas sur le même terrain, c'est qu'ils sont profondément cohérents à l'intérieur de la vision que l'Église a du monde moderne : ce monde, dans lequel la condition des plus misérables ne cesse de s'aggraver, c'est ce monde dans lequel l'homme croit pourvoir affirmer sa toute-puissance en se passant de Dieu. L'Église postconciliaire ne condamne plus en bloc le monde moderne, elle en reconnaît les avancées, mais elle affirme en même temps que la véritable « libération » de l'homme passe non pas par la conquête complète de son autonomie dans tous les domaines, mais dans sa soumission à la loi divine, que l'Église a charge de dire au monde.

L'Église catholique ne revendique plus (sauf en ce qui concerne certaines questions morales) de fixer les lois de la société. Mais elle se pense toujours comme porteuse du sens plénier des valeurs dont les hommes ont besoin dans un monde incertain. Si on comprend bien cette façon ambivalente qu'a l'Église de se situer par rapport au monde, on ne s'étonne plus de ces « contradictions » qui déconcertent tellement les observateurs du monde catholique, ou qui leur font juger que le pape Jean-Paul II est décidément un pape « inclassable », dont on n'arrive pas à dire s'il est progressiste et ouvert, ou réactionnaire et rétrograde. D'un côté, il se fait, avec une détermination exceptionnelle, le champion des droits de l'homme : même si la conception catholique des droits de l'homme ne recoupe pas, à beaucoup près, la conception qu'en avaient les rédacteurs de la Déclaration de 1789, l'Église se situe clairement, aujourd'hui, du côté de la défense de la liberté et de la démocratie. Mais, d'un autre côté, il s'oppose, avec la même détermination, à la reconnaissance sans restriction de l'autonomie morale de l'individu, à la libération des mœurs et à tout ce qui appartient, selon lui, au « permissivisme » libéral.

Cette position est caractéristique d'une lecture plutôt restrictive des orientations prises à Vatican II, et elle est contestée à ce titre (sur sa « gauche ») dans l'Église. Elle reste néanmoins cohérente avec une attitude d'« ouverture critique » au monde moderne, qui excite, cette fois sur sa « droite » les protestations des intégristes, qui refusent le concile en bloc.

On peut se demander, au terme de ce survol ultra-rapide des grandes évolutions de l'Église romaine, si ce n'est pas le « modèle de l'Est », incarné, au sens propre du terme, par le pape Jean-Paul II, qui fournit aujourd'hui au catholicisme un nouveau support, et une nouvelle justification de sa position toujours ambivalente à l'égard de la modernité et de ses valeurs. Qu'en est-il, plus précisément, de ce « modèle de l'Est », de ce catholicisme « à la polonaise » moulé à la fois dans le rejet du totalitarisme et dans le refus du libéralisme ? Est-il porteur, comme certains semblent le croire, d'une alternative à la sécularisation qui a miné l'emprise de la religion à l'Ouest ? Ou bien sert-il, en réalimentant le rêve, aussi peu réaliste qu'indéracinable, d'une Église gouvernant le monde, à couper à nouveau le catholicisme du monde moderne ? C'est ce que nous allons examiner maintenant avec Patrick Michel.

BIBLIOGRAPHIE

Dans *L'état des religions*, cf. bibliographie de la 1re conférence), voir l'article de JEAN-PIERRE JOSSUA, « Le christianisme ». Notre propre présentation doit beaucoup à ce texte.

JEAN-PIERRE JOSSUA, *Le Dieu de la foi chrétienne*, Paris, Cerf, 1989, (coll. « Bref ») : une approche théologique, très claire.

FRANÇOIS LEBRUN (éd.), *Histoire des catholiques en France*, Paris, Privat (coll. « Pluriel »), 1980. En particulier, la contribution de Claude LANGLOIS, « Permanence, renouveaux et affrontements — 1830-1880 ».

LUC PERRIN, *L'affaire Lefebvre*, Paris, Cerf, 1989, (coll. « Bref »).

MICHEL QUESNEL, *L'histoire des évangiles*, Paris, Cerf, 1987, (coll. « Bref »).

JOSEPH THOMAS, *Le concile Vatican II*, Paris, Cerf, 1989, (coll. « Bref »).

CATHOLICISME ET POLITIQUE : ESSAI D'ANALYSE À PARTIR DU CAS POLONAIS

par Patrick MICHEL*

Vous venez d'entendre Danièle Hervieu-Léger dans l'exercice périlleux consistant à présenter en très peu de temps le catholicisme des origines à nos jours. En regard, ma tâche apparaît infiniment plus aisée, puisqu'elle se borne à traiter du catholicisme tel qu'il est pratiqué dans un seul pays, et pendant la période immédiatement contemporaine. On pourrait d'ailleurs s'étonner que, dans le cadre d'une série de conférences portant sur les grandes religions, une place aussi exorbitante ait été accordée à l'expérience spécifique de la Pologne. Ce statut privilégié s'explique cependant assez bien : peuple martyr durant la Seconde Guerre mondiale, terrain privilégié de l'extermination des Juifs par les nazis, pièce majeure du glacis soviétique à l'issue du conflit, la Pologne a aussi été le lieu d'une résistance obstinée à la soviétisation, dont la sanction est l'actuelle émancipation du pays. De cette émancipation, la dési-

* CNRS, Paris.

gnation, en 1978, d'un pape polonais a constitué une étape, comme elle symbolisait la réussite d'une Église à la pointe du combat contre le totalitarisme.

C'est en ce sens que la Pologne apparaît aujourd'hui doublement comme un laboratoire : test en grandeur nature de l'évolution du bloc soviétique, elle pose aussi, sur un autre plan, en modèle pour la chrétienté entière.

Il n'est naturellement pas possible de développer ici l'ensemble de cette problématique. Je m'appliquerai donc simplement à dégager quelques axes d'analyse, autour de trois thèmes, d'ailleurs étroitement liés : la relation entre religion et politique qui s'est mise en place en Pologne dans le dernier demi-siècle ; l'influence exercée par la situation polonaise sur les conceptions globales du pape Jean-Paul II ; et enfin, à travers l'affaire du carmel d'Auschwitz, qui en constitue un remarquable analyseur, le problème plus général des rapports entre catholicisme et démocratie.

Du totalitarisme au pluralisme

Le renoncement des communistes, fin 1988, au monopole du pouvoir, dernière étape avant la nomination d'un Premier Ministre issu des rangs de Solidarité, résultait à la fois d'une faillite idéologique, dont il constituait la liquidation, et de l'incapacité d'un régime épuisé et délégitimé à faire face à la crise multiforme que traverse le pays. L'Église polonaise campe, elle, sur des positions que peuvent lui envier bien des Églises dans le monde. Le pays est catholique à plus de 90 % et la pratique religieuse a augmenté dans des proportions nettes depuis 1960, comme d'ailleurs le nombre de vocations, ce qui est exceptionnel en Europe. Plus d'un quart des prêtres se situe dans la tranche d'âge 31-40 ans, et la formation religieuse s'appuie sur un réseau de catéchisation fort de plus de 22 000 centres. Un tel inventaire tendrait à donner raison au cardinal Wyszynski, chef charismatique de l'Église polonaise de 1948 à 1981, lorsqu'il affirmait : « Les communistes nous ont tout appris. » Et au très influent cardinal Ratzinger, responsable au Vatican de la Congrégation pour la doctrine de la foi, quand il admet que Rome n'a pas de problèmes avec le catholicisme à l'Est, au moins sur le plan doctrinal. En fait, l'Église jouit en Pologne d'un prestige considérable, tenant à l'évidence au rôle central qu'elle a joué dans le triple processus de désaliénation, détotalisation et désoviétisation, que sanctionne l'actuelle émancipation politique du pays et qui a conduit à la formation du premier gouvernement non communiste en Europe de l'Est depuis quarante ans, gouvernement d'ailleurs dirigé par un catholique dont le premier coup de téléphone en tant que Premier Ministre fut pour Jean-Paul II.

Ce triple rôle joué par l'Église a une histoire. L'image de la Pologne catholique tient plus de l'imaginaire occidental que de la réalité. On ne sait pas assez qu'il s'en est fallu de peu que le pays ne bascule vers le protestantisme, à l'époque de la Réforme. Et la Pologne reconstituée de l'entre-deux-guerres est un pays multinational, multi-ethnique, multiculturel et multiconfessionnel. Même au lendemain du second conflit mondial, dans un pays que les exterminations nazies, la modification des frontières et le déplacement des personnes ont rendu homogène, sur le plan national comme sur le plan religieux, le stéréotype polonais = catholique est loin d'être politiquement opérationnel. En fait, la rencontre entre l'Église et la société polonaise a été progressive, et ce n'est que dans la seconde moitié des années 70 qu'elle s'est effectivement produite. Je prendrai, pour illustrer mon propos, les trois dates de 1966, 1968 et 1970. En 1966, date de la célébration du millénaire du baptême de la Pologne, l'Église se trouve en butte à une campagne extrêmement vive du gouvernement. Ni les intellectuels ni les ouvriers ne se solidariseront significativement avec elle. En 1968, les étudiants et les intellectuels contestent le pouvoir, qui répond par la répression. Pour l'essentiel, l'Église et les ouvriers se tairont. En 1970, c'est au tour des ouvriers de protester contre le Parti. Ils obtiennent certes le changement de la direction du pays — Gierek succédant à Gomulka — mais au prix d'un bain de sang. Là encore, ni les intellectuels ni l'Église ne réagiront massivement. En 1976, en revanche, alors qu'une fois encore les ouvriers polonais en lutte contre les hausses de prix se voient opposer des violences policières, les intellectuels et l'Église dénoncent l'attitude du pouvoir et adoptent une attitude active de soutien aux ouvriers. C'est la fondation du KOR [Comité de défense des Ouvriers]. C'est aussi et surtout la mise en place de ce « triptyque » spécifiquement polonais — ouvriers, intellectuels, Église — qui débouchera moins de cinq plus tard, en août 1980, sur la formation de Solidarité.

On connaît la suite. Même le coup de force du 13 décembre 1981, grâce auquel le général Jaruselski mettait un terme à l'existence légale du mouvement polonais, se révélera incapable de briser les aspirations de la société. L'état de guerre, loin de conduire les Polonais à la résignation, contribuera à exacerber les contradictions mêmes du pouvoir. Jusqu'à ce que celui-ci, sur fond d'approfondissement de la crise du communisme et du bloc soviétique, en tire les conséquences ultimes. Pour autant, la transition démocratique ouverte aujourd'hui est loin de régler l'ensemble des difficultés existantes et le prestige dont il jouit ne saurait occulter les problèmes auxquels le catholicisme polonais risque d'être maintenant confronté. En prétendant incarner, durant plus de quatre décennies, une modernité dans laquelle les Polonais ne se reconnaissaient pas et qui paraissait de ce fait discréditée, le pouvoir a dispensé l'Église du délicat travail de définition de son rapport à cette modernité, ce qui peut contribuer à expliquer l'image faussée du catholicisme polonais en Occident : analysé là comme ultra-conservateur, il constituait pour la société polonaise un lieu symbolique d'affirmation des valeurs d'une Pologne libre, en rupture avec les valeurs perverties du sens prétendu de l'histoire dont se prévalait le système communiste.

Il reste que, dans ce contexte, la relation entre l'Église et la société s'est construite et développée sur maintes ambiguïtés. Point de passage incontournable de toute résistance au pouvoir, l'Église bénéficiait sur la scène polonaise d'un statut d'opérateur socio politique et culturel central. Garante, par sa seule existence, des valeurs de la nation et attestation du caractère authentiquement pluraliste de la société polonaise, elle fournissait, dans la mesure où la religion était l'unique registre que l'État se refusait idéologiquement à intégrer, les seuls symboles, références et discours que le pouvoir ne puisse confisquer. L'évolution polonaise a ainsi donné le jour à des catégories jusque-là inconnues des sociologues, comme celle des « non-croyants pratiquants », dont le comportement s'analyse bien sûr plus en termes de résistance sociale et politique au pouvoir que d'appartenance à une foi. Les nombreuses études empiriques réalisées dans diverses régions du pays dans les années 70 et 80 attestent par exemple le décalage existant entre un taux très élevé de pratique religieuse et un niveau beaucoup plus faible de connaissance des vérités de foi catholiques. En fait, le catholicisme polonais a en quelque sorte bénéficié de la sécularisation forcée que prétendait conduire un pouvoir politique pour lequel le projet totalitaire constituait une source incontournable de légitimation. Dès le milieu des années 70, il apparaissait clairement à certains acteurs de la scène polonaise que la suppression de la structure politique totalitaire pouvait seule amener une laïcisation de la société. Les mêmes avaient quelques raisons d'évoquer, à la fin des années 80, le risque d'une *iranisation* du pays, si cette structure épuisée n'était pas liquidée.

Cette perspective n'est aujourd'hui plus guère d'actualité. Au contraire, la pluralisation et la démocratisation de la scène polonaise peuvent sembler mettre en place les conditions minimales d'un scénario à la québécoise, où l'on assisterait à un effondrement rapide de l'influence du catholicisme, en raison du ralliement de la société polonaise aux valeurs d'une modernité à l'américaine, qui aurait les couleurs de la démocratie politique et la saveur de la prospérité capitaliste.

Il est naturellement très hasardeux de se livrer à une quelconque prospective dans une situation qui se caractérise par son instabilité et la rapidité de son évolution. Il est cependant vraisemblable que les extrêmes seront évités et que l'évolution de la relation entre l'Église catholique et la société polonaise se coulera dans une ou plusieurs des diverses formes intermédiaires du spectre allant d'une cléricalisation du politique à une liquididation du poids social du religieux. La définition de ces formes est inséparable de la recomposition actuelle du paysage socio politique polonais : les redistributions du rôle de l'Église et du religieux sont étroitement fonction de redistributions parallèles du politique. C'est dire que l'avenir même du catholicisme en Pologne dépend d'un nombre considérable de variables, dont une partie seulement peuvent faire l'objet d'une action directe de l'Église.

L'évolution générale de la situation à l'Est, sur fond de remise en question globale, apparaît comme la toile de fond de l'évolution socio-économique de la Pologne elle-même. La crise est un incontestable facteur de maintien de l'influence sociale de l'Église, sous des formes proches de celles auxquelles le système de type soviétique avait conduit. Mais de nouvelles configurations peuvent surgir. Ainsi s'ébauchent les conditions d'un nouveau paysage social où, face à un gouvernement se réclamant de Solidarité, se poserait le problème de la cogestion d'une fonction protestataire entre l'Église d'une part et les anciens syndicats communistes d'autre part, défendant les intérêts corporatistes de leurs adhérents, et aujourd'hui beaucoup plus puissants que le syndicat Solidarité.

Une autre inconnue est l'évolution interne de l'Église elle-même, atteinte aussi par la pluralisation. L'Église polonaise a en fait toujours été clivée, mais son homogénéité était maintenue par l'existence d'un État hostile, qui la contraignait à camper sur la position d'une citadelle assiégée, pour laquelle toute brèche pouvait se révéler fatale. Il est probable que les différences de sensibilité existantes pèseront demain dans le sens d'une diversification du paysage catholique polonais.

Enfin, et peut-être surtout, que fera l'Église du poids institutionnel considérable dont elle jouit ? Le pouvoir communiste, en érigeant l'épiscopat en interlocuteur privilégié, en médiateur entre lui et la société, s'était appliqué à renforcer ce poids. En atteste le statut juridique accordé par la loi du 17 mai 1989, qui allait jusqu'à reconnaître, dans son préambule, la « contribution historique de l'Église au développement de la culture nationale et au renforcement des valeurs morales fondamentales ». Outre la garantie des libertés de conscience et de culte, cette loi, forte de 45 articles, très détaillés, prévoit entre autres de notables exemptions fiscales, un large accès aux media, et le droit pour l'Église d'enseigner la religion, de créer et d'administrer des séminaires et des établissements scolaires. Ce texte, réclamé par l'Église depuis l'instauration d'un régime de type soviétique en Pologne, donnait un cadre légal à une réalité marquée par la puissance d'une institution qui, pour se borner à quelques chiffres, a mis en service 1 598 églises et chapelles entre 1979 et 1986, s'appuyait en 1987 sur 32 maisons d'édition et publiait 40 périodiques.

Il est clair toutefois que le pluralisme risque d'entraîner une certaine érosion de l'influence morale de l'Église sur la société. Les évêques relèvent déjà depuis longtemps que les normes morales catholiques sont bien peu respectées. Cette tendance a toutes chances de s'accélérer, dans un environnement social marqué par le libéralisme sauvage que la Pologne devrait connaître dans la période à venir.

Surtout le pluralisme prive l'Église du caractère socialement et politiquement irremplaçable qui était le sien. On voit ainsi apparaître un certain anticléricalisme, et une mise en cause explicite de l'*autoritarisme* d'une grande majorité du clergé par des acteurs sociaux pourtant peu suspects d'hostilité à l'égard du catholicisme ou de l'Église. Le front antitotalitaire unissant ouvriers, opposition laïque et Église n'a plus de raison d'être aujourd'hui que le totalitarisme a disparu, ce qui explique les critiques dont la hiérarchie et le clergé catholiques peuvent faire l'objet.

La période actuelle de transition pose le problème du choix stratégique auquel est confrontée l'Église : jouer ou pas un rôle politique, jouer ou pas le jeu d'une véritable séparation avec l'État. Il n'est pas sûr que ce choix ait d'ores et déjà été fait. Il n'est même pas certain qu'il puisse être fait de façon parfaitement autonome. Or de ce choix dépend que l'Église soit perçue comme acteur engagé, dès lors suspect d'être intéressé, et donc forcément non recevable par une partie de la société, ou comme instance indépendante du champ politique, et donc susceptible d'imposer des valeurs d'un autre ordre que politique à l'ensemble de la société polonaise. Si le contexte de ce choix stratégique est nouveau, ses termes renvoient à une situation antérieure où les personnes interrogées lors d'enquêtes d'opinion articulaient deux propositions apparemment contradictoires, se déclarant partisans d'une extension de l'influence de l'Église tout en déplorant que celle-ci joue un rôle trop politique.

L'Église peut choisir, en s'appuyant sur une doctrine sociale qui bénéficie de l'expérience accumulée durant quarante ans, de jouer, dans le strict respect de l'autonomie du politique, le rôle majeur de travailler à la recomposition morale d'une société polonaise qui reste très affectée en la matière par la tentative de soviétisation dont elle a fait l'objet. L'éthique catholique est la seule à être sortie indemne de la confrontation avec le mensonge totalitaire. Dans le contexte nouveau de la démocratie dont la transition devrait accoucher, l'Église se trouve donc face à un très vaste champ où son intervention pourrait se révéler décisive.

Mais force est de constater que l'Église doit surtout aujourd'hui définir les règles d'un jeu fondamentalement nouveau. De plus, la perspective d'un chômage qui affecterait 20 % de la population active, et d'une baisse du niveau de vie de l'ordre de 40 % s'accordent mal avec la recherche d'une troisième voie théorique entre capitalisme et communisme de type soviétique. La faiblesse de la tradition démocratique et la gravité de la crise socio-économique peuvent déboucher en Pologne sur une aspiration populaire à un pouvoir fort, au sein duquel l'Église pourrait être tentée de prendre place. Ce serait là risquer d'en revenir à la situation de l'entre-deux-guerres, à une certaine forme de confusion entre le religieux et le politique, celui-là alimentant celui-ci en stéréotypes légitimateurs. Déjà des voix s'élèvent en Pologne pour dénoncer certains des choix actuels de l'Église.

Le pape polonais

Peut-on dès lors penser que le « modèle polonais » est en passe de disparaître ? Ce serait sans doute aller trop vite, d'autant que, depuis 1978, le plus haut responsable de l'Église catholique en est issu. Jean-Paul II a, d'évidence, formé sa vision du monde, et sa conception de la place de l'Église dans ce monde, à partir de son expérience polonaise. Alors que les Églises occidentales devaient apprendre à composer avec le relatif et le pluralisme, éléments constitutifs d'une modernité dont le catholicisme se sentait victime, l'Église polonaise s'en voyait, on l'a dit, dispensée. Le pouvoir ne prétendait-il pas épuiser à lui seul la modernité ? Or, cette modernité-là, les Polonais n'en voulaient pas,. Revendiquant le monopole de définition du politique, les communistes posaient en squatters du sens, en occupants sans droits ni titres d'une totalité dont ils n'étaient en rien propriétaires. L'Église, par sa seule présence, qui était un rappel permanent du caractère authentiquement pluraliste de la société polonaise, attestait l'illégitimité d'une telle prétention. Le discours, les symboles et les valeurs catholiques avaient une opérationnalité d'autant plus grande en matière de mise en cause politique du pouvoir que ce même pouvoir s'interdisait idéologiquement d'y recourir. L'Église s'est ainsi retrouvée en situation d'opérateur central de la scène polonaise, susceptible d'incarner à la fois une continuité, qui était négation de la rupture historique prétendument instaurée par les communistes, et un mouvement tendant à corriger celui que le pouvoir impulsait, et que la société ressentait comme perverti. Cela entraînait-il pour autant une adhésion totale des Polonais aux valeurs spécifiques de l'Église ? Naturellement non, mais cette évidence s'est trouvée occultée par plusieurs « malentendus ».

Le premier porte sur la « religion des droits de l'homme » dont l'Église s'est faite la championne au milieu des années 70 et qui a servi de plate-forme commune à l'ensemble des courants constitutifs de l'opposition au régime en place à Varsovie. Il y a eu, en fait, convergence d'intérêts entre une opposition laïque, qui avait conscience de l'utilité d'une alliance avec l'Église, et cette dernière qui, placée dans une position incontournable, renforçait ainsi son influence institutionnelle et pouvait prétendre inscrire le mouvement social dans des catégories proprement catholiques.

Second malentendu : la nation. En première place au hit-parade des valeurs polonaises, la nation a fait l'objet d'une instrumentalisation constante par l'Église. Dès 1965, avec la *Lettre aux évêques allemands*, l'épiscopat polonais posait en détenteur des intérêts nationaux fondamentaux. Cette tendance n'a fait depuis que se renforcer, avec, faut-il le préciser, la complicité totale de la société et de l'opposition polonaises, qui y voyait un moyen de lutte contre un pouvoir ressenti comme le garant d'intérêts étrangers. En a fort longtemps témoigné la répugnance des Polonais à critiquer l'Église et son primat.

C'est sur la base de ces malentendus, plus ou moins conscients, mais toujours tactiquement entretenus par les parties en présence, que l'Église polonaise analyse le dernier demi-siècle, sur fond d'approfondissement de la crise du système de type soviétique. Cette analyse peut prendre la forme d'un syllogisme, ici très simplifié et très schématiquement présenté : le totalitarisme est fils de la modernité. Or l'Église a triomphé du totalitarisme. L'Église a donc triomphé de la modernité. Et dans cette victoire, l'Église voit une revanche et un gage pour l'avenir.

En filigrane du discours de Jean-Paul II transparaît en effet la certitude de ce que sa seule présence au Vatican constitue tant un *signe* que le point de départ d'un projet messianique de reconquête spirituelle de l'Europe. La lettre encyclique *Slavorum apostoli*, datée du 2 juillet 1985, en atteste, qui est renvoi au passé, prise de position quant au présent, appel et programme pour le futur : « le premier pape appelé de Pologne, et donc du cœur des nations slaves, à occuper le siège de saint Pierre, se sent particulièrement poussé à le faire. »

Jusqu'en 1978, le catholicisme a été un gage permanent du pluralisme de la Pologne et de son ancrage dans la culture, la tradition et la civilisation occidentales. L'élection de Karol Wojtyla conférait, elle, à la Pologne une place centrale dans une catholicité où elle s'était sentie, jusque-là, dans une position quelque peu périphérique. Elle devenait, pour l'Église, le signe de l'universalité de l'expérience polonaise. Et le projet messianique construit sur la base de ce signe vise à étendre à l'Europe la reconquête religieuse dont la Pologne a été le théâtre. Mais ce projet est d'abord un discours, produit de l'intérieur, alors que le succès de l'Église polonaise résultait en fait d'ajustements face à des pressions et des menaces venant de l'extérieur. Surtout, pour nombre de Polonais, cette reconquête était elle-même le signe des progrès réalisés dans le processus engagé de libération politique du pays. Enfin, ce messianisme est à l'évidence l'expression d'un malaise. Le pape n'a guère pu que constater combien l'Église polonaise avait dans la chrétienté un statut d'exception. Force est de relever que si la modernité a fait son temps, ce qui lui succède se définit d'abord par une généralisation du relatif qui, sous couvert de mondialisme, rend impensable tout universalisme et absurde toute prétention à l'incarner. Le messianisme permet là de se réapproprier le temps de donner sens au chemin parcouru, et de faire du présent, et de ses obstacles, les étapes d'un parcours pèlerin. C'est par le biais de ce même messianisme que se réalise l'ajustement entre un discours universaliste devenu impossible, mais auquel l'Église ne saurait renoncer sous peine d'y perdre son identité, et des situations locales appelant une approche spécifique. Et c'est encore le messianisme qui permet de dépasser les contradictions qui ont pu surgir, lors de la mise en œuvre de l'*Ostpolitik* du Vatican, entre les exigences d'un projet offensif et les contraintes de la diplomatie normalisatrice.

Développé pour répondre aux menaces que le pouvoir faisait peser sur la religion, le messianisme polonais s'est naturellement déployé dans un champ politique, sa caractéristique majeure étant son incapacité absolue à admettre l'autonomie de ce dernier. Menacé d'exclusion, le religieux s'est défendu en prétendant tout inclure : l'État le persécutait-il ? L'État était donc théologiquement intégré au projet de Dieu.

Catholicisme et démocratie

C'est l'exemplarité supposée de la Pologne qui a conféré au problème posé par la présence de carmélites à Auschwitz son poids de questions et de certitudes, d'indignations et d'incompréhensions réciproques. Les facteurs culturels et historiques spécifiquement polonais ont bien sûr une grande importance dans l'historique d'une affaire douloureuse, mais ils semblent loin de suffire à rendre compte des logiques d'ensemble qui sont ici à l'œuvre. Car ce qui est important aujourd'hui en Pologne, c'est bien le processus de démocratisation qui s'est engagé, et la signification qu'il revêt pour l'avenir du bloc soviétique, et pour celui du continent européen dans son ensemble. Voilà sans nul doute ce que l'histoire longue retiendra. Face à cet événement d'une exceptionnelle portée, il y a tout lieu de croire que l'affaire d'Auschwitz pèsera, malgré les passions soulevées et les débats qui s'ensuivirent, d'un faible poids. Il n'est cependant pas neutre que ce problème ait surgi à ce moment précis de l'histoire polonaise. Il a de fait contribué à mettre à nu certaines contradictions du processus en cours et souligné les fragilités d'une transition particulièrement complexe à gérer.

L'affaire du carmel traduit bien les déséquilibres engendrés par la rapidité de l'évolution politique que connaît la Pologne. Dans la remise en cause par le cardinal Glemp, primat de Pologne, le 26 août 1989, des accords passés à Genève en 1987 et prévoyant le départ des carmélites du site d'Auschwitz, il entrait des raisons d'ordre directement conjoncturel et tactique. Nul doute qu'il y ait eu là une volonté de réaffirmer une autorité sur l'Église polonaise, fût-ce au prix du désaveu infligé au cardinal Macharski, archevêque de Cracovie, et signataire des accords, dont il a été signifié « l'incompétence », au même titre que celle des cardinaux français et belges, Lustiger, Decourtray et Danneels. On peut également souligner, dans la même perspective, que la prise de position du primat de Pologne, qui n'était pas le candidat de Jean-Paul II lors de la désignation d'un successeur au cardinal Wyszynski, a très précisément coïncidé avec la nomination à Varsovie de Mgr Jozef Kowalczyk, nonce apostolique, de nationalité polonaise, nommé par le pape à la suite du rétablissement des relations diplomatiques entre la Pologne et le Vatican.

Mais ces logiques internes à l'Église polonaise sont à replacer dans le contexte actuel de la pluralisation de la vie politique. L'intervention du primat a coïncidé également avec la désignation d'un Premier ministre issu des rangs de Solidarité et qui, pour catholique qu'il soit, n'appartient pas à la mouvance immédiate du primat. La position adopté par ce dernier sur la question d'Auschwitz vaut accélération du processus en cours de rupture de l'alliance antitotalitaire conclue entre l'Église et l'opposition laïque au cours des années 70, et dont j'ai déjà parlé.

Or ce front antitotalitaire permettait *aussi* à l'Église de fonctionner comme un élément parfaitement homogène et cohérent de la scène polonaise. Il n'est ici que de souligner la synonymie presque parfaite en Pologne durant de longues années entre épiscopat et Église. Avec la pluralisation, on assiste à la fin de la situation de citadelle assiégée sur laquelle l'Église a campé durant des décennies, à l'apparition de fissurations internes nouvelles dans la relation entre la société et le catholicisme polonais, à la mise au grand jour de clivages qui, pour avoir toujours existé, étaient jusqu'alors tenus le plus possible cachés.

Toutefois, au-delà de cette première dimension, ici sommairement décrite, l'affaire du carmel met en évidence la difficulté qu'éprouve l'Église à penser sa relation à l'universel dans cette modernité politique qu'incarne la démocratie. Il a été suggéré, ici ou là, que le problème posé par la présence de carmélites à Auschwitz serait en dernière instance celui de l'opposition entre deux universalismes, chrétien et juif. Outre qu'une telle hypothèse visait en fait à accréditer le renvoi dos à dos des deux parties en présence, elle ne résiste pas à l'analyse. Les juifs, éparpillés dans la diaspora, ont eu très tôt à définir le niveau de la transaction nécessaire entre l'affirmation d'une identité propre et les contraintes de l'inscription de cette identité dans un univers où elle était minoritaire. Les scénarios qui se sont ensuivis étaient certes divers, allant de l'intégration au sionisme en passant par le choix de l'internationalisme prolétarien. Ils avaient pour constante de s'ancrer dans une conscience aiguë du relatif. En ce sens, le « destin » juif peut poser en précurseur et annonciateur du mondialisme contemporain, où les identités doivent se définir, dans le relatif, par rapport à une culture de plus en plus internationalisée.

L'affirmation tenace de leur identité n'a pas conduit les juifs, en Pologne ou ailleurs, à pratiquer quelque prosélytisme que ce soit. A l'inverse, l'Église catholique, forte en Pologne de sa position majoritaire, et campant sur l'articulation « de combat » qu'elle a su instaurer entre identité nationale et identité religieuse, a, elle, historiquement posé en détenteur de la totalité. Cette prétention a, il est vrai, permis à l'Église polonaise de constituer un efficace contre-pouvoir face à un parti qui lui-même se présentait comme le seul détenteur de la totalité. Mais la pluralisation, en replaçant les valeurs dont se réclame l'Église en concurrence avec les valeurs laïques, a confronté celle-ci à la difficulté, voire à l'impossibilité de dire l'universel. Il n'est donc pas surprenant que l'affaire du carmel ait mis à jour des clivages fort sensibles dans l'ensemble du catholicisme, en en révélant les contradictions internes, ce qui peut contribuer à expliquer la grande prudence manifestée par le pape.

L'Église a en fait toujours su manier simultanément l'inclusion et l'exclusion, à condition qu'il lui revienne en propre d'en fixer les limites. En s'installant à Auschwitz, l'intention des carmélites n'était certainement pas la récupération de la souffrance juive ou une volonté antisémite de nier le caractère spécifique de la Shoah. Il s'agissait plutôt, sans doute inconsciemment, de montrer que ce lieu n'était pas étranger au catholicisme, que celui-ci pouvait l'intégrer, au même titre que tout le reste. Et c'est pourquoi la réaction de la communauté juive a été si mal comprise par les Polonais, dont une grande majorité ne voit pas en quoi la présence de quelques religieuses peut bien gêner qui que ce soit. Or les juifs ne cherchent pas à s'approprier Auschwitz. (Ils auraient en fait souhaité qu'Auschwitz n'existât pas). Ils demandent (simplement) que personne ne se l'approprie. Mais l'obstination avec laquelle ils s'appliquent à signifier à l'Église qu'Auschwitz est « inhabitable » heurte une sensibilité catholique qui par, définition, ne peut admettre qu'on lui interdise un lieu quel qu'il soit. Comment admettre l'inhabitable alors que par nature on prétend étreindre l'universel ?

Comment ne pas voir cependant que cette prétention à l'universel est fondée sur l'exclusion ? Le discours du pape est à cet égard révélateur, qui articule simultanément deux affirmations, non contradictoires à ses yeux : à la proposition visant à intégrer (condamnation de l'antisémitisme et référence à « nos frères aînés ») succède, même par l'intermédiaire d'une citation, l'opposition des deux alliances, qui vaut exclusion de l'autre et appropriation du sens, d'une totalité qui est la seule justification de l'existence même de l'Église, c'est-à-dire de sa capacité à dire l'universel. C'est cette capacité même qui est mise en cause à Auschwitz.

Une fois encore, les juifs ont servi de révélateur à des tensions dont ils ne sont pas cause et où ils n'ont sans doute guère le désir d'être partie. L'affaire du carmel et l'évolution des rapports polono-juifs et judéo-catholiques qui en a découlé témoignent non pas tant de la résurgence d'un fond d'antisémitisme dans les consciences polonaise et catholique que des difficultés qu'éprouve l'Église à définir sa place dans un univers en profonde mutation, difficultés dont cette résurgence est le révélateur. Plus généralement, cette affaire a mis en évidence un processus de questionnement d'une identité en déplacement, par une société en recomposition, confrontée aux changements induits par la résurgence d'une certaine modernité. Un tel processus n'est à l'évidence pas sans entraîner doutes et incertitudes.

L'argument du primat de Pologne concernant Auschwitz reposait plus ou moins explicitement sur un thème qui a semble-t-il recueilli un large écho dans le pays : la campagne orchestrée à l'Ouest autour du carmel aurait été, en dernière instance, une manifestation d'antipolonisme. Et il se trouve de nombreux Polonais pour croire que les juifs ont reporté sur eux toute la haine éprouvée à l'égard des Allemands. Il y a, en fait, au cœur de ce que l'on appellera, faute de mieux, l'inconscient collectif du pays, comme une frustration, due à la distorsion existant, selon les Polonais, entre la place reconnue à leur nation dans le monde et la portée, ressentie comme universelle, de son expérience. Les réactions suscitées à l'étranger par l'affaire du carmel ont été ressenties comme autant de renvois à une certaine *exiguïté*, d'autant plus insupportable que les Polonais ont le sentiment de toucher, tant religieusement que politiquement, à l'universel.

C'est bien cette universalité qui pose aujourd'hui problème, car si universalité il y a, c'est bien, on l'a dit, celle du relatif, fondement même de la démocratie. Or, la tendance contemporaine à l'universalisation du modèle démocratique, à laquelle il a longtemps semblé que l'Europe soviétisée ne participait pas s'est appuyée en Pologne sur son universalisme catholique qui, par nature, éprouve de formidables difficultés à s'accommoder du relatif. Le vrai débat soulevé par l'affaire d'Auschwitz porte sur la question de savoir si, dans le pluralisme, quelqu'un peut prétendre imposer sa conception de la totalité. C'est à l'évidence une question que l'Église catholique, dans son ensemble, n'a pas réglée.

Il n'est d'ailleurs que de voir ici les débats soulevés par l'affaire du carmel dans un pays comme la France, par tradition très sensible à l'évolution polonaise et qui a, à maintes reprises, témoigné de sa capacité d'utiliser les thèmes polonais pour nourrir son débat interne. Le Premier Ministre, M. Michel Rocard, a lui même conféré une dimension directement politique à cette question en recevant le 12 septembre pendant une heure Me Théo Klein et le cardinal Decourtray. L'extrême droite française s'est emparée des propos du primat polonais, les utilisant comme autant de cautions à une idéologie où l'antisémitisme n'est jamais que le révélateur d'une peur de la différence et donc du refus de la démocratie. Bernard Antony, dit Romain Marie, délégué national à la formation au Front national, n'hésitait ainsi pas à affirmer le 30 août 1989 : « Ce qu'a dit Mgr Glemp m'a rempli de joie. C'est un grand événement historique [...] Il n'a fait qu'exprimer un ras-le-bol latent » (*Libération*, 31 août 89). Ces propos seront bientôt relayés par les déclarations scandaleuses du cinéaste Claude Autant-Lara dans le mensuel *Globe* de septembre.

En fait, l'affaire du carmel a replacé les Français face à des questions dont le moins qu'on puisse dire est qu'elles sont loin d'être réglées. Il est par exemple tout à fait significatif que l'article d'Émile Malet, directeur du mensuel *Passages* dans le *Figaro* du 14 septembre, intitulé « appel à la Tolérance », ait eu pour sous-titre : « La France n'est pas antisémite. » C'est dans le même numéro du quotidien qu'est atteint le comble du grotesque avec la conclusion du Père Michel Riquet s.j. à son texte, publié en regard de celui de Malet : « Je supplie mes amis israélites de ne pas nous replonger dans l'insupportable atmosphère de l'Affaire Dreyfus... » Ce n'est plus de la Pologne dont il est question là, mais bien de la France, de son histoire, de sa mauvaise conscience et de ses conflits. Il n'était en rien surprenant que les catholiques intégristes, et les courants de l'extrême droite qui en sont proches, se réjouissent des déclarations du primat de l'Église polonaise, qui leur permettaient de légitimer leurs propres prises de position. De la même façon, l'affaire du carmel a constitué un formidable révélateur pour d'autres composantes du catholicisme français. Jean-Marie Domenach, ancien directeur d'*Esprit,* pouvait ainsi écrire :

> « Je n'accepte pas l'exploitation de cette tragédie au bénéfice d'une communauté, d'un État, ou même,pis encore, d'une carrière [...] On ne touche pas les dividendes d'Auschwitz [...] nous vivons en France dans un climat très malsain. Il est vrai que les catholiques ont des responsabilités énormes, mais aussi qu'un certain nombre de gens se servent de ce que fut l'Holocauste pour imposer leur ambition, leur succès [...] J'ai perdu toute vergogne sur ces questions, je ne me censure pas [...] » (*L'événement du Jeudi*, 7 septembre 1989).

Dans une Église française encore traumatisée par le schisme des traditionalistes, le débat sur le carmel a permis de clarifier et de cristalliser des positions.

Confrontée à l'impossibilité de dire l'universel dans un monde de plus en plus régi par le relatif, l'Église catholique s'est vu, à Auschwitz, reprocher de se comporter, à l'instar du pouvoir de type soviétique, en propriétaire abusif de la totalité. Et il est vrai qu'elle se sent infiniment plus à l'aise dans une confrontation portant sur l'intégralité du Sens : blanc ou noir (rouge), bien ou mal, juste ou méchant... Dans l'économie du relatif, dont participe aussi la Pologne, de telles catégories sont d'usage difficile. Il faut se satisfaire d'un espace, petit ou grand, susceptible d'augmenter ou de diminuer, mais en tout cas juxtaposé à d'autres espaces, dotés d'une autonomie et de logiques propres. C'est, en dernière instance, à Auschwitz ou ailleurs, ce que l'Église catholique ne parvient pas à admettre. Quant au niveau du compromis qu'elle est prête à passer avec le relatif, il dépend sans doute du rapport de plus ou moins grande proximité au projet global défini et mis en œuvre par le pape. Il n'est donc pas surprenant que la Pologne ait été ici en première ligne, comme il n'est pas surprenant que le cardinal Glemp ait mis en avant le « consensus » comme fondement de la décision, à un moment où la Pologne redécouvre les règles de base d'une organisation politique où la minorité doit s'incliner devant la majorité. Le chef de l'Église polonaise ravivait là le souvenir, encore très présent dans la mémoire collective de son pays, d'une « démocratie » nobiliaire, consensuelle, où le veto d'un seul suffisait à tout bloquer. Cette conception pour le moins particulière de la démocratie n'a pourtant pas peu contribué à précipiter la Pologne vers le désastre des Partages de 1772, 1793 et 1795, et vers sa disparition en tant qu'État souverain de la carte de l'Europe durant plus d'un siècle.

BIBLIOGRAPHIE

NORMAN DAVIES, *Histoire de la Pologne*, Fayard, Paris, 1986, 543 p.

JERZY KLOCZOWSKI (éd.), *Histoire religieuse de la Pologne*, Le Centurion, Paris, 1987, 640 p.

PATRICK MICHEL, *L'Église de Pologne et l'avenir de la nation*, Le Centurion, Paris, 1981, 197 p.

PATRICK MICHEL, *La société retrouvée — Politique et religion dans l'Europe soviétisée*, Fayard, Paris, 1988, 347 p.

LE PROTESTANTISME : RELIGION DE LA MODERNITÉ ?

par Jean-Paul WILLAIME*

Très minoritaire en France, le protestantisme est souvent mal et peu connu bien qu'il ait, en général, une bonne image dans l'opinion. Différents facteurs expliquent cette méconnaissance. Tout d'abord, l'actualité focalise plus souvent l'attention sur d'autres minorités religieuses (comme le judaïsme ou l'islam) en raison même de l'implication de ces traditions religieuses dans des problèmes actuels. Le protestantisme offre aussi peu de visibilité sociale : son insistance sur l'intériorité et la responsabilité individuelle ne l'incite pas à valoriser les signes extérieurs de la piété et de l'Église. Ses temples, comme ses pasteurs sont beaucoup moins repérables et se fondent dans la société ; ses rites sont plus dépouillés. L'opinion publique connaît plutôt des protestants que le protestantisme. Le fait même que le protestantisme soit une minorité *chrétienne* contribue aussi, paradoxalement, à cette méconnaissance. Dans un pays de culture catholique majoritaire comme la France, on a couramment l'habitude d'identifier christianisme à catholicisme romain et de parler de « l'Église » au singulier. Les media sont

* Université des sciences humaines de Strasbourg.

coutumiers de cette vision catholico-centrique du christianisme, mais on la rencontre aussi chez des enseignants et des universitaires. A l'heure de la construction de l'Europe, il est urgent de corriger cette vision : l'Europe des douze compte certes une majorité de catholiques (54 %), mais le christianisme non-romain (anglican, orthodoxe, protestant) y est aussi très important ; la même remarque vaut pour l'Europe de l'Est. L'œcuménisme a pu aussi laisser penser que, le dialogue et les collaborations s'intensifiant, les divergences catholico-protestantes étaient devenues tout à fait secondaires et que la différence protestante ne signifiait plus grand-chose. Cette opinion a pu se répandre d'autant plus que le développement d'un individualisme catholique montrait qu'on pouvait vivre son catholicisme de façon bien différente, par exemple en étant très proche d'une sensibilité protestante.

Tous ces facteurs contribuent à entretenir une méconnaissance du protestantisme. Et pourtant cette tradition religieuse a joué un rôle important dans l'éclosion de la modernité occidentale et notre culture serait incompréhensible dans beaucoup de ses dimensions si on ne prenait pas en compte le bouleversement religieux, culturel et politique que représentent la Réforme et le développement d'Églises protestantes. Pour comprendre la logique spécifique à cette culture religieuse ainsi que ses effets sociaux, il est indispensable de revenir, tout d'abord, à la Réforme elle-même ; c'est ce que nous ferons dans une première partie. Nous aborderons ensuite quelques aspects de la modernité protestante pour évoquer plus précisément, en terminant, le protestantisme français.

La Réforme

Le protestantisme s'origine dans la critique de l'Église catholique romaine exprimée par Luther et Calvin au XVIe siècle, critique qui a engendré la deuxième grande rupture de la chrétienté (après celle de 1054 entre l'Église occidentale et l'Église orientale). C'est le 31 octobre 1517, jour de l'affichage des 95 thèses où Martin Luther dénonce le trafic des indulgences, qui est considéré comme le point de départ de la Réforme. Au-delà de la dénonciation de ces indulgences par lesquelles on était censé acquérir le salut, quel est le sens profond de cette protestation religieuse ?

Trois grands principes la caractérisent : — le *sola scriptura* (l'Écriture seule) ; — la justification par la foi ; — le sacerdoce universel des croyants.

1. En faisant de la Bible l'unique source d'autorité en matière de foi et de doctrine, les Réformateurs ont opéré une désacralisation de l'institution ecclésiastique : l'Église n'est pas sainte en elle-même, elle peut faillir, « le pape aussi bien que le concile peuvent errer », dira Luther qui, excommunié, excommuniera lui-même le pape. Convoqué à la diète de Worms en 1521, Luther déclara :

> A moins d'être convaincu par le témoignage de l'Écriture et par des raisons évidentes — car je ne crois ni à l'infaillibilité du pape, ni à celle des conciles puisqu'il est établi qu'ils se sont souvent trompés et contredits —, je suis lié par les textes bibliques que j'ai cités. Tant que ma conscience est captive de la Parole de Dieu, je ne puis ni ne veut rien rétracter car il n'est ni sûr, ni salutaire d'agir contre sa conscience. Que Dieu me soit en aide ! Amen.

C'est une protestation, émise à la seconde diète de Spire en 1529 par les princes et les représentants des villes libres, qui vaudra aux chrétiens évangéliques le qualificatif de « protestants ». L'Église peut donc errer et c'est au nom de la Bible et de la conscience que le chrétien protestant se sent autoriser à protester. Et si l'Église peut errer, c'est qu'elle est aussi une institution humaine. Les Réformateurs distinguent l'Église invisible — corps du Christ — dont les limites sont connues de Dieu seul, et l'Église visible comme institution historique qui doit être soumise à la critique permanente (*ecclesia reformata, semper reformanda*) au nom même de la vérité qui la fonde. La Réforme a opéré un déplacement de l'institution au message comme source de la vérité religieuse. Dès lors, tout chrétien, au nom de la vérité du message, pouvant critiquer l'Église et éprouver sa fidélité à l'aune des textes bibliques. C'est pourquoi Boileau a pu dire que « tout protestant est pape, une Bible à la main ».

Ce premier principe, le *sola scriptura*, fait que, dans la logique protestante, la question de la vérité religieuse est plus un problème herméneutique qu'un problème institutionnel : tout va tourner autour de l'interprétation des textes bibliques et de la synthèse doctrinale qui en découlera. On comprend dès lors pourquoi, dans le protestantisme, l'extrémisme religieux se focalise sur le texte biblique et non sur l'institution Église, par un fondamentalisme affirmant l'infaillibilité de la Bible, et non par un intégrisme affirmant l'infaillibilité de l'institution. En désacralisant l'institution ecclésiastique, le protestantisme l'a aussi fragilisée : celle-ci étant œuvre humaine, les protestants n'hésitent pas à fonder une autre Église s'ils estiment que la leur est infidèle au donné biblique. De fait, l'histoire du protestantisme est marquée par diverses contestations ayant abouti à la formation de nouvelles Églises. Il ne faut jamais oublier que le protestantisme ne se réduit pas aux Églises luthériennes et réformées (calvinistes), mais qu'il comprend aussi des Églises méthodistes, baptistes, pentecôtistes, etc., nées bien après la Réforme du XVIe siècle.

2. Par la *justification par la foi*, le protestantisme veut affirmer que l'homme ne coopère pas à son salut par des œuvres (par une vie pieuse et consacrée à de bonnes actions), mais que le salut est un don gratuit de Dieu. L'homme étant radicalement marqué par le péché, son salut ne peut venir que de Dieu seul et la foi consiste dans cette ouverture à la grâce de Dieu et non en des œuvres pies. Toutes les actions humaines sont relatives, aucune ne peut être absolutisée et considérée comme parfaitement bonne. Si Dieu seul sauve, l'institution ecclésiastique n'a aucun pouvoir de salut, elle ne coopère pas à l'agir salvateur de Dieu disent les théologiens protestants, elle ne fait que le transmettre.

Dès lors, le culte protestant se différencie de la messe catholique par le fait qu'il n'est pas un acte sacré commis par l'officiant, mais le rassemblement des fidèles recevant l'Évangile à travers la prédication et les sacrements. Les protestants ne reconnaissent que deux sacrements : le baptême et l'eucharistie (appelée plus couramment sainte cène dans le protestantisme), car ils estiment que seuls ces deux sacrements sont bibliquement fondés. La sainte cène n'est pas réitération du sacrifice du Christ et le pasteur n'a pas le pouvoir religieux de transformer le pain et le vin en corps et sang du Christ (doctrine catholique de la transsubstantiation). Dans la doctrine protestante, le pain et le vin de la cène — les protestants communient sous les deux espèces — sont corps et sang du Christ, mais tout en restant du pain et du vin. C'est en particulier sur cette question du mode de présence du Christ dans la cène que traditions luthérienne et calviniste se différencient quelque peu.

3. Le troisième grand principe de la Réforme, le *sacerdoce universel des croyants*, n'a certes pas supprimé tout ministère ecclésiastique, mais a contribué à la désacralisation du person-

nage du clerc. Si, dès la Réforme, Luther et Calvin — qui étaient eux-mêmes mariés — ont admis le mariage des pasteurs, c'est parce que, dans le protestantisme, le pasteur ne se différencie pas du laïc par un statut ontologique différent, mais par les fonctions qu'il exerce dans l'Église. Le pasteur est en fait un laïc formé théologiquement et reconnu par une Église pour assurer le ministère de la prédication et des sacrements, animer les communautés, accompagner les personnes. Aujourd'hui, nombreuses sont les Églises protestantes qui admettent les femmes au pastorat.

En désacralisant l'Église, le culte et le personnage ecclésiastique, la Réforme, surtout dans la tradition calviniste, a en même temps insisté sur le fait que le devoir du chrétien s'accomplissait dans le monde. S'il n'y a plus de lieux et de personnages sacrés, c'est toute la société qui le devient. La Réforme s'est traduite par une spiritualisation du temporel : le devoir religieux ne doit pas s'accomplir en fuyant le monde (critique du monachisme), mais en vivant de façon consacrée les réalités de la famille, du travail, de l'économie, de la politique. En désacralisant la religion, la Réforme a voulu spiritualiser le monde. D'où l'ascèse intramondaine caractéristique du protestantisme. Le protestant doit être un saint dans le monde, conduire l'économie, la politique pour la seule gloire de Dieu et de façon rationnelle. C'est en ce sens que le sociologue allemand Max Weber a montré le rôle joué par les protestants puritains dans le développement de l'esprit d'entreprise et l'organisation rationnelle du travail. Mais ce n'est pas seulement dans le domaine de l'économie que les protestants sont partie prenante de l'éclosion du monde moderne. La modernité protestante s'est manifestée dans bien d'autres domaines.

La modernité protestante

François Furet et Jacques Ozouf dénoncent, dans leur *Lire et écrire* (1977, t. I, p. 72), « la méconnaissance de la portée anthropologique du protestantisme ». A trop considérer la Réforme comme un événement purement religieux et politique, on sous-estime en effet souvent la mutation socio-culturelle profonde qu'elle représente. Par « la suréminence de la culture écrite, l'intériorisation d'une rationalité nouvelle, la nécessité de l'éducation comme la double voie du salut et de la réussite », écrivent Furet et Ozouf, la Réforme a représenté une « révolution dans la société plus encore que dans l'Église ». Il importe de mesurer l'ampleur de cette révolution et de montrer que le protestantisme est partie prenante de l'avènement du monde moderne.

Il est courant, en France, d'opposer l'esprit des Lumières à celui de la religion comme si l'émergence de la modernité occidentale était simplement interprétable en termes de victoire de la raison sur la religion. Or, si l'on considère l'*Aufklarung* allemande et l'*Enlightment* anglo-saxon, on s'aperçoit vite que, dans les pays culturellement marqués par le protestantisme, l'opposition entre l'esprit des Lumières et la religion est beaucoup moins vive et que la théologie protestante a profondément influencé les penseurs des Lumières. Qu'on pense à Kant, Leibniz, Locke, autant de philosophes protestants qui ont cherché à repenser la religion dans le cadre de la modernité (cf. par exemple, le programme kantien d'une « religion dans les limites de la simple raison »). Ces philosophes allemands et anglais étaient penseurs des Lumières tout en restant, à leur façon, des protestants convaincus. La conviction que la foi et la raison ne sont pas inconciliables est un trait important de la culture protestante. Cela s'est traduit, par exemple, par une forte présence protestante dans les universités allemandes.

Religion du livre, le protestantisme a profondément valorisé la lecture et le développement de l'école (dès 1524, Luther enjoint aux Conseils des villes allemandes d'entretenir des écoles obligatoires). Le protestantisme s'est distingué par un certain nombre d'innovations pédagogiques et par le rôle très actif de nombreux protestants dans le développement de l'école. Longtemps, des écarts sensibles dans le niveau scolaire ont été constatés entre populations catholiques et populations protestantes.

Dans le domaine politique, l'exemple du protestantisme montre aussi que l'avènement de la démocratie ne s'est pas forcément fait dans une opposition frontale au religieux. Par rapport à la France marquée par le conflit entre les héritiers de 1789 et les cléricaux, Tocqueville remarquait déjà, en 1840, qu'aux États-Unis, liberté politique et religion faisaient bon ménage. Dans *De la démocratie en Amérique*, il écrit :

> La plus grande partie de l'Amérique anglaise a été peuplée par des hommes qui, après s'être soustraits à l'autorité du pape, ne s'étaient soumis à aucune suprématie religieuse ; ils apportaient donc dans le

Nouveau Monde un christianisme que je ne saurais mieux peindre en l'appelant démocratique et républicain. Ceci favorisera singulièrement l'établissement de la république et de la démocratie dans les affaires...

Dans le domaine sanitaire et social, le protestantisme s'est aussi manifesté par diverses innovations. Ainsi, aux asiles John-Bost, fondés en France peu après la loi sur l'internement de 1838, considérait-on, dès le XIXe siècle, que l'« idiotie » n'était pas un état incurable et qu'il ne fallait pas séparer radicalement les malades mentaux de l'extérieur. Le protestantisme manifesta une vitalité certaine dans les mouvements de jeunesse : scoutisme, YMCA. (*Young Men Christian Association*),. et dans l'aide aux réfugiés avec le CIMADE (*Comité intermouvements auprès des évacués*), mouvement qui, aujourd'hui, s'occupe particulièrement d'aide au développement. Il fut pionnier dans des domaines comme l'aide par téléphone (*S.O.S. Amitié*) et le planning familial en créant des services qui, en se développant, se laïcisèrent.

L'intérêt manifesté par les protestants pour le développement du planning familial est évidemment lié aux positions protestantes en matière d'éthique sexuelle et familiale, positions qui sont très différentes de celles de l'Église catholique. Considérant que le mariage n'est pas un sacrement et insistant sur la valeur éthique de la vie de couple, Luther et Calvin ont admis, dès le XVIe siècle, la possibilité du divorce. Au nom d'une éthique de la responsabilité, les protestants sont également favorables aux moyens modernes de contraception. Enfin, en matière d'avortement, nombreuses sont les Églises protestantes qui ont pris des positions non pas favorables à l'avortement, mais considérant que, dans certains cas de détresse, l'avortement était un moindre mal. C'est ainsi que la *Fédération protestante de France* a apporté son soutien à la loi Veil de 1975 qui, dans certaines conditions, autorise l'avortement.

Mais la modernité du protestantisme n'a pas qu'un versant positif. Par l'importance qu'il accorde à l'autonomie personnelle et à la responsabilité éthique, le protestantisme a aussi les défauts d'un moralisme ayant souvent donné l'image d'un protestant austère et sans cesse tourmenté par le sens du devoir (ne se tournant pas vers le prêtre pour soulager sa conscience et se faire remettre ses péchés, le protestant se trouve seul face à Dieu), d'un réalisme teinté de pessimisme en raison de l'importance accordée au péché, d'un fondamentalisme manifestant une sacralisation du texte biblique. L'individualisme protestant est souvent lié à un anti-institutionnalisme rendant particulièrement difficile l'affermissement institutionnel du protestantisme et l'exercice de l'autorité en son sein. Ayant désacralisé l'Église et l'autorité religieuse, les protestants se méfient en effet de tout développement des institutions ecclésiastiques et cherchent à relativiser leurs autorités et leurs porte-parole : dès qu'une Église prend une position publique, il y a toujours des voix protestantes qui s'élèvent pour soutenir une position différente. A la limite, dans le protestantisme, il ne peut pas y avoir de positions d'Églises, car celles-ci ne sont rien d'autres que l'assemblée des croyants qui les composent. Une telle attitude contribue à brouiller l'image du protestantisme dans le public et à affaiblir l'impact social de ses institutions. C'est aussi pour cela que le public connaît mieux des protestants que le protestantisme, que le protestantisme est mal connu comme réalité collective.

Le protestantisme en France

Réprimé par le pouvoir politique au nom de la religion d'État, déclaré hors la loi durant un siècle — de la Révocation de l'édit de Nantes en 1685 à l'édit de Tolérance de 1787 —, le protestantisme français est une minorité qui garde mémoire de ce passé de persécutions. Aux alentours d'un million (2 % de la population), les protestants français sont inégalement répartis sur le territoire national : très disséminée dans plusieurs régions (Bretagne, Centre), la population protestante est plus dense dans d'autres secteurs (Alsace, Gard, Ardèche, Hérault, Pays de Montbéliard, etc.). Les terroirs ruraux traditionnels où le protestantisme était implanté ayant fortement subi l'émigration vers les zones urbaines, le protestantisme est particulièrement présent dans quelques grandes villes : Paris, Strasbourg, Marseille, Nîmes, Montpellier, Mulhouse. De tradition majoritairement réformée dans la plupart des régions de France, le protestantisme est cependant à dominante luthérienne en Alsace et dans le pays de Montbéliard. Églises réformées et luthériennes sont en pleine communion ecclésiale et nombreux sont les pasteurs qui exercent indifféremment leur ministère dans l'une ou l'autre Église. La plupart des Églises protestantes sont regroupées au sein de la *Fédération protestante de France*. A l'échelon international, le *Conseil œcuménique des Églises*, dont le siège est à Genève, rassemble toutes les Églises chrétiennes non catholiques romaines, soit 311 Églises orthodoxes, anglicanes, luthériennes, réformées, baptistes, etc.

Minorité numérique, le protestantisme n'est pas, en France, une minorité sociale. Les cadres et les enseignants y sont surreprésentés, tandis que les ouvriers et employés sont sous-représentés. Mais ci cela est vrai globalement, il faut immédiatement nuancer en rappelant qu'il y a aussi un protestantisme populaire, notamment dans l'est de la France où les protestants de condition modeste sont particulièrement nombreux. Les Églises évangéliques (notamment pentecôtistes) ont un recrutement social plus populaire que les Églises luthériennes et réformées. Le protestantisme français est aussi connu par le fait que plusieurs protestants ont exercé ou exercent d'importantes responsabilités politiques : Michel Rocard, Pierre Joxe, Lionel Jospin, Daniel Hœffel, Catherine Trautmann, Maurice Couve de Murville, Catherine Lalumière, Georgina Dufoix, etc. On a remarqué que, depuis l'arrivée de la gauche au pouvoir en 1981, de nombreux protestants siégeaient au gouvernement. Même s'il y a un réel pluralisme politique parmi les protestants français, la gauche y est en effet toujours quelque peu surreprésentée par rapport à l'ensemble de la population. Cela s'explique à la fois par des raisons historiques et à cause de certaines affinités entre la gauche démocratique et l'*ethos* protestant français.

Le protestantisme français s'est aussi distingué par ses prises de position sur la question de la laïcité et de l'école. Historiquement, il a été très favorable au développement de l'école publique : au moment du vote des lois laïques en 1882, les protestants ont remis leurs 1 500 écoles au secteur public. Non seulement ils souhaitaient le développement de l'enseignement, mais ils se souciaient également, en tant que minorité religieuse ayant souffert de l'alliance de l'État avec l'Église catholique, de la déconfessionnalisation des institutions publiques. C'est pourquoi ils furent également favorables à la séparation des Églises et de l'État en 1905. Dans le débat actuel sur l'éventuelle création d'un enseignement des religions à l'école, les protestants français se sont clairement déclarés en faveur d'un enseignement d'histoire des religions en distinguant nettement celui-ci d'une catéchèse qui est de la responsabilité des Églises.

Très engagé dans le dialogue œcuménique avec l'Église catholique, le groupe protestant français est cependant soucieux de sauvegarder sa spécificité. Les actions communes, les nombreuses relations nouées entre Église protestante et Église catholique à différents niveaux (paroisses, mouvements, foyers mixtes, dialogue théologique, responsables ecclésiastiques) n'empêchent pas les protestants d'affirmer leur différence et de critiquer certains aspects du catholicisme actuel, en particulier le recentrage de Jean-Paul II : face à un catholicisme qui se recatholicise, le protestantisme tend aussi à se reprotestantiser. Ces réaffirmations confessionnelles à l'heure même où, dans le protestantisme comme dans le catholicisme, le sentiment religieux se subjectivise et devient émotionnel, trouvant sa vérité beaucoup plus dans l'authenticité du vécu croyant que dans telle formulation doctrinale, ne sont pas le moindre paradoxe de la situation religieuse contemporaine. Mais le regard sociologique, en appréhendant les religions comme cultures et en étudiant leurs multiples effets sociaux, permet de mieux mesurer l'empreinte profonde que représente une tradition religieuse, même si celle-ci est socialement peu visible.

BIBLIOGRAPHIE

JEAN BAUBEROT, *Histoire du protestantisme*, Pairs, P.U.F., 1987 (coll. « Que sais-je ? »).

JEAN BAUBEROT, *Le protestantisme doit-il mourir ? La différence protestante dans une France pluriculturelle*, Paris, Seuil, 1988.

JEAN BAUBEROT, JEAN-PAUL WILLAIME, *ABC du protestantisme. Mots clés. Lieux. Noms*, Genève, Labor et Fides, 1990.

JEAN-PIERRE MARTIN, *La religion aux États-Unis*, Presses Universitaires de Nancy, 1989.

JEAN-PAUL WILLAIME (éd.), *Vers de nouveaux œcuménismes. Les paradoxes contemporains de l'œcuménisme : recherches d'unité et quêtes d'identité*, Paris, Cerf, 1989

ISLAM : RELIGION ET POLITIQUE

par Gilles KEPEL

Les fondements religieux de la vision politique et sociale de l'islam

L'islam, de même que les autres religions abrahamiques, s'est constitué autour d'une histoire sainte. Celle-ci a été élaborée — comme dans le christianisme ou le judaïsme — en isolant des événements appartenant à une époque donnée, en les soustrayant à l'enchaînement contingent des causalités terrestres et à la succession chronologique, pour les faire apparaître comme un phénomène exceptionnel, dont l'avènement ne soit explicable que par la volonté divine.

Un tel phénomène prend, rétrospectivement, valeur de modèle, de paradigme, à l'imitation duquel les adeptes de la religion concernée sont invités. Ainsi, par exemple, la vie de Jésus figure, pour les chrétiens, l'incarnation suprême des vertus humaines, et il convient de s'en inspirer si l'on veut mener l'existence d'un bon croyant. De même, en Islam, c'est Mahomet (ou *Muhammad*) qui incarne ces vertus, et sa conduite comme les propos qu'il a tenus ont été consignés dans la *Sunna*, ou recueil des Traditions du Prophète, afin de servir à l'édification de chaque musulman.

Toutefois, l'histoire sainte de l'islam présente, par rapport à celle du christianisme, nombre de caractéristiques propres. L'une des plus importantes est son inscription au cœur du politique, dès sa constitution et du vivant même de son fondateur. Mahomet, en effet, s'il est considéré par les musulmans comme le Prophète de l'islam et l'envoyé d'Allah, fut aussi, durant son existence terrestre, un rebelle, puis un chef d'État et un grand capitaine. Il a donc, par sa propre pratique, institué une norme, un caractère relativement contraignant, alors que le fondateur du christianisme n'a joué, de son vivant, aucun rôle explicitement politique, et a même, si l'on peut dire, posé comme un principe la séparation de l'autorité terrestre et de celle de Dieu, par la célèbre formule : « Rendez à César ce qui est à César et à Dieu ce qui est à Dieu. »

*
* *

Dans la conscience musulmane habituelle, l'histoire des pays d'islam depuis la Révélation se scinde en deux temps de durée très inégale : l'âge d'or de l'islam — qui couvre les années 0/622 à 37/657, soit moins de quatre décennies — et les quinze siècles qui nous en séparent. Bien que leur durée soit, de beaucoup, la plus longue, ces quinze siècles sont peu évoqués, et considérés comme des périodes où il n'est guère à puiser d'exemples.

A contrario, « l'âge d'or » fait fonction de paradigme, de modèle dont s'inspirer pour le présent. C'est alors qu'ont été élaborées, constituées les valeurs et les normes dont se réclament, aujourd'hui, ceux qui profèrent un discours structuré par les catégories socio-politiques de l'islam. Mais, bien évidemment, la pratique quotidienne de Mahomet, dans les premières années du VIIe siècle, ne peut être transposée sans adaptation, sans interprétation, aux sociétés de la fin du XXe siècle. Et c'est précisément l'interprétation de ces normes qui suscite des clivages entre les musulmans d'aujourd'hui, soucieux d'affirmer que chacun d'entre eux est le plus proche du « véritable » islam.

Le Prophète de l'islam naît à La Mecque, aux alentours de l'an 570, dans une famille pastorale qui n'appartient pas à l'oligarchie dominant alors cette cité caravanière en contact, par ses activités commerciales, avec les empires byzantin et sassanide au Nord, et avec l'Abyssinie, la Hadramaout et l'océan Indien au Sud. Les Mecquois sont polythéistes, et, au nombre des idoles qu'ils révèrent figure une pierre noire cubique, la *Ka'ba*, dont le Prophète fera, ultérieurement, le pôle de l'islam après avoir changé sa signification symbolique.

Muhammad passe sa jeunesse à paître des moutons, puis devient caravanier au service d'une riche veuve, Khadija, de dix ans son aînée, qui l'épouse. Vers 612, pendant la nuit du 26 au 27 du mois de Ramadan (aujourd'hui révérée par les musulmans sous le nom de « nuit du destin » — *lailat al qadar*), une apparition lui ordonne : « Prêche, au nom de ton seigneur ! » Le thème dominant de cette prédication est le châtiment que vaudront inéluctablement aux Arabes leur idolâtrie, leur éloignement du Dieu unique — le terme « Allah » signifiant simplement, du reste, « le Dieu ». Muhammad et le petit groupe qui se forme autour de lui encourent rapidement mépris ou hostilité des puissants, qui les tiennent pour des traîtres et déclassés sociaux. Craignant qu'on ne leur fît un mauvais parti, ils quittent La Mecque pour chercher refuge dans une autre ville de la péninsule, Yathrib, ultérieurement Médine. C'est cette fuite, cette émigration (arabe *hijra*) que l'on nomme l'hégire : elle a lieu en l'an 622 de notre ère et marquera, ultérieurement, l'an zéro du calendrier « hégirien » usité par les musulmans.

A Médine, Muhammad se trouve à la tête d'un groupe de partisans de plus en plus nombreux, où se mêlent émigrés mecquois et recrues locales (les *mouhajiroun* et les *ansar*) ; unis par leur croyance en la foi nouvelle qui leur permet de dépasser les simples liens de solidarité tribale des bédouins, ils constituent rapidement une force politique qui s'impose tant à l'intérieur de la cité, dont ils prennent le contrôle, qu'à l'extérieur. Les tribus arabes du désert alentour doivent faire allégeance, et, en 630 (an 8 de l'hégire), Muhammad au terme d'une expédition victorieuse s'empare de La Mecque dont il détruit les idoles.

Au fur et à mesure de l'extension de sa puissance, Muhammad est guidé, inspiré par la Révélation divine qui « descend » sur lui par l'intermédiaire de l'archange Gabriel. Et le Coran — qui ne sera codifié sous forme écrite qu'à une date plus tardive, le Prophète étant lui-même, selon toute vraisemblance, illettré — constitue l'ensemble, la somme de cette révélation. Les conditions de celle-ci sont, ainsi, étroitement liées aux nécessités de l'action du Prophète, de sa pratique. Cela rendra aisé l'usage juridique que feront du Livre les générations ultérieures.

Tel qu'il ressort du Coran, l'islam repose sur cinq « piliers de la religion » (*arkan al din*) : la double confession de foi — il n'y a de dieu que Dieu et Mahomet est l'envoyé de Dieu —, la prière (*salat*) précédée des ablutions rituelles (*wudu*), le jeûne (*sawn)* du mois de Ramadan, le pèlerinage (*hajj*) à La Mecque et l'aumône.

Se pénétrer du sens de chacun de ces cinq « piliers » est l'une des conditions préalables fondamentales pour expliquer nombre de normes, de valeurs et d'attitudes qui rythment l'existence des musulmans jusqu'à aujourd'hui. En effet, loin de constituer de simples références à caractère dogmatique, les « piliers » établissent des critères premiers de définition de l'identité islamique, et leur mise en pratique peut s'entendre selon les interprétations, dans un sens restreint, littéral, ou, au contraire, étendu et symbolique.

Le premier, la confession de foi (*chahada*) définit chaque musulman au terme d'un double processus : à la dénégation de l'existence de tout dieu autre que « Dieu » (*Allah*), succède l'affirmation que Mahomet (*Muhammad*) est Son envoyé. Le musulman se définit d'abord, et absolument, contre tout polythéiste, puis il se singularise parmi les monothéistes en se rangeant derrière Mahomet. Cette confession en deux étapes a une importance primordiale pour comprendre la représentation islamique de l'humanité : la communauté des Croyants (*l'Oumma*) qui est appelée à convertir, à terme, le monde entier, est confrontée, dans sa tâche de prosélytisme, à deux catégories de personnes juridiquement distinctes. D'une part, les polythéistes, païens ou idolâtres, qui, s'ils viennent à être conquis par les armées musulmanes doivent en principe embrasser l'islam ou être mis à mort ; d'autre part, les « gens du Livre » (*ahl al kitab*), chrétiens et juifs principalement, qui ont reçu la Révélation divine codifiée dans leurs livres sacrés (la Bible et les Évangiles), mais n'ont pas su la mettre en pratique, ce qui explique pourquoi Dieu a dû faire une troisième et ultime révélation — aux Arabes, cette fois, et dans leur langue.

Lorsque les « gens du Livre » viennent à être soumis à une autorité musulmane, ils peuvent conserver leur foi — mais n'ont le droit de se livrer à aucun prosélytisme. Ils sont des « protégés » (*dhimmi-s*), c'est-à-dire qu'ils ont un statut qui les discrimine par rapport aux musulmans, notamment par le paiement d'un impôt de capitation particulier. Inéluctablement, ils devront, un jour, être touchés, eux ou leur descendance, par la Révélation et se convertir à l'islam.

Mahomet, est, en effet, « le sceau des Prophètes » : sa prophétie est la dernière que Dieu a envoyée aux hommes, et elle ne peut être surpassée. Cela a pour conséquence qu'il est d'une exceptionnelle gravité de quitter l'islam, et que le châtiment de l'apostasie est la mort. De plus, l'expansion de l'islam passe par la constitution de familles musulmanes nombreuses : et si une chrétienne ou une juive peut épouser un musulman et conserver sa foi — car les enfants issus du mariage naîtront dans la religion de leur père — un « protégé » qui voudrait épouser une musulmane doit, préalablement, et pour les mêmes raisons, se convertir à l'islam. Cette disposition est la cause de très nombreuses conversions de nos jours, et il est impossible à un chrétien d'épouser une musulmane dans tout pays arabe ou islamique sans se convertir. On le voit, la confession de foi, si elle est mise en œuvre dans sa plénitude, a d'immenses conséquences. Pour certains doctrinaires islamistes contemporains, l'application de la formule « il n'y a d'autre dieu que Dieu » contient en elle la prohibition de doctrines comme le communisme, par exemple ; dans cette interprétation, les communistes sont des païens car ils révèrent, en lieu et en place de Dieu, le Parti, et ils doivent subir les rigueurs que la loi de l'islam leur réserve.

Deuxième des piliers de l'islam, la prière, précédée des ablutions rituelles, structure la communauté des Croyants en organisant son temps et en la rassemblant. Elle connaît deux possibilités complémentaires de réalisation ; d'une part, la prière effectuée cinq fois le jour (à l'aube, à midi, dans l'après-midi, au couchant et le soir — *fajr, dohr, 'asr, maghrib, 'icha*) et, d'autre part, la prière congrégationnelle du Vendredi à midi (*salat al juma'a*) suivie par le sermon (*khutba*) de l'imam.

Les prières quotidiennes peuvent être accomplies individuellement (bien qu'elles soient plus valorisées si elles sont effectuées avec d'autres croyants) ; elles sont précédées obligatoirement d'ablutions codifiées qui mettent le fidèle en état de pureté rituelle pour s'adresser à Dieu, et elles ont pour fonction de laver celui-ci des péchés qu'il commet. Le respect des cinq prières est très contraignant, surtout à l'aube — le muezzin mentionne du reste dans son appel (qui peut avoir lieu vers quatre heures du matin) que « la prière est meilleure que le sommeil », et c'est un signe de piété. Beaucoup de musulmans avaient perdu, au cours des dernières décennies, l'habitude de se plier à ce rythme, mais, aujourd'hui, il n'est pas rare de voir, sur les lieux de travail, dans les rues ou au bureau, dans les pays musulmans et aussi, de plus en plus, en Europe, un croyant prosterné vers La Mecque. Le temps de l'islam grignote ainsi le temps industriel, dans une évolution contraire à ce à quoi l'on s'attendait il y a vingt ans.

Le vendredi à midi, la prière doit être effectuée à la mosquée, en s'assemblant aux autres musulmans, de manière à reconstituer symboliquement la Communauté, pour percevoir que l'islam n'est pas affaire de rapport direct et individuel de la créature au Créateur, mais qu'il est médié par la masse des Croyants, qu'il intègre en son sein le social et le politique. La prière collective manifeste l'égalité de tous devant Dieu : elle s'effectue en longues files transversales d'orants tournés vers La Mecque. Après quoi, l'imam — ou tout musulman accepté par la congrégation et versé dans la lecture et l'interprétation des textes sacrés — commente l'état de la communauté et du monde en les jugeant au regard des injonctions divines, telles qu'elles sont explicitées dans le Coran et la Sunna. Le sermon du Vendredi est, de la sorte, un véhicule d'expression politique central, et la grande affaire des princes au pouvoir dans les pays musulmans a toujours été de le contrôler, afin d'empêcher l'expression de sentiments hostiles au régime en place du haut de la chaire à prêcher. L'importance de ce vecteur de l'expression politique avait semblé péricliter dans les années 60, aux yeux des observateurs américains du Moyen-Orient à tout le moins. Elle restait toutefois très grande dans les milieux humbles ou ruraux, auxquels les catégories du discours politique importées de l'Occident et transmises par la presse ou l'audiovisuel n'étaient point familières. Depuis le milieu des années 70, les mosquées sont, en règle générale, trop petites pour l'immense affluence qu'elles drainent, et qui s'étend sur la chaussée, préalablement recouverte de nattes le vendredi matin. Le sermon qu'écoutent les croyants, et qui peut, comme ce fut le cas lorsque le cheikh Kichk prêchait au Caire, être d'une grande virulence oppositionnelle, est, d'ordinaire, proche des préoccupations quotidiennes. Dans l'Iran khomeyniste, il est devenu le lieu d'expression privilégié des débats politiques et des campagnes de mobilisation voulues par le régime.

Le troisième pilier de l'islam, le jeûne du mois de Ramadan, est sans doute l'expression la plus fervente comme la plus visible de la piété et de l'appartenance à la Communauté. Il fait alterner un jeûne diurne absolu (qui ne tolère pas non plus la promiscuité sexuelle) avec une veillée qui, entre le coucher et le lever du soleil, est prétexte à une importante socialisation religieuse comme profane, à un fort sentiment d'appartenance communautaire. Si, d'une part, les tarifs publicitaires à la télévision doublent pendant le Ramadan — illustrant ainsi sa dimension conviviale profane —, d'autre part, les mosquées y sont pleines pendant la nuit, où l'on effectue prières et invocations spéciales à Dieu (*salat al tarawih*). Le jeûne du mois sacré a connu lui aussi un regain de pratique au cours des dix dernières années, et dans les pays où il n'était plus imposé par l'État — comme l'Égypte ou la Syrie — il touche massivement aujourd'hui la jeunesse estudiantine, qui semblait, dans les années 60, s'en être émancipée. Remarquable est également sa résurgence au sein des jeunes immigrés de confession musulmane en Europe.

Le jeûne s'achève par une journée de fête, appelée petit bairam ou *'id al saghir*, pendant laquelle c'est un péché très grave que de s'abstenir de nourriture. Cette journée est également marquée par de grands rassemblements de foule à l'occasion d'une prière collective suivie de sermons de prédicateurs, qui ont une grande importance. Dans l'Égypte de Sadate, par exemple, les groupes islamistes oppositionnels faisaient, lors de la prière de la fête, de grandes démonstrations de force, rassemblant des dizaines de milliers de participants sermonnés par un cheikh situé dans leur mouvance et qui apostrophait le pouvoir. Ils mettaient à profit les manifestations massives de piété qui ont lieu ce jour pour les orienter vers un objectif déterminé ; en effet, de même que les sociologues de la religion caractérisent les chrétiens qui ne vont à la messe que pour Noël ou Pâques comme « catholiques festifs », on peut tenir beaucoup de musulmans pour des « pratiquants festifs » qui expriment publiquement leur foi lors des fêtes de Bairam surtout.

Le Ramadan constitue, par ailleurs, un enjeu politique dans le monde musulman : en effet, si les textes sacrés de l'islam prévoient que le jeûne commence lorsque apparaît la lune du mois hégirien concerné (le calendrier musulman est lunaire, et ainsi la période de jeûne se déplace au long de l'année), on débat pour savoir qui a autorité pour proclamer que la lune est apparue, et, d'autre part — problème qui s'est présenté dès lors que l'islam faisait la conquête de vastes territoires — on se demande s'il faut que chaque musulman se règle sur l'apparition ou non de la lune là où il vit, ou si, du Maroc à l'Indonésie, toute la communauté doit jeûner puis rompre le jeûne simultanément. Aujourd'hui, par exemple, les Saoudiens, gardiens des villes saintes de La Mecque et de Médine, s'efforcent d'unifier la période de jeûne en fonction de l'apparition du croissant au-dessus de l'Arabie. Et, au gré des relations confiantes ou tendues avec le pouvoir égyptien, ce dernier se règle sur la norme saoudienne ou, au contraire, fait prévaloir l'observation astronomique de l'université islamique cairote Al Azhar. En France, où cohabitent des populations musulmanes traversées par des courants antagoniques et d'origines nationales diverses, le problème est encore plus aigu : en 1986, les diverses communautés ont fait débuter le mois sacré trois jours différents, ce qui est un signe parmi d'autres que l'autorité du recteur de l'Institut musulman de la mosquée de Paris n'est pas unanimement respectée.

Quatrième pilier de l'islam, le pèlerinage à La Mecque se déroule également à une période précise de l'année lunaire. Il est l'une des plus hautes aspirations humaines que peut avoir, sur cette terre, un musulman pieux, et se déroule dans les villes saintes d'Arabie selon un rite minutieux. Il manifeste que l'univers musulman est organisé autour d'un centre, la *Ka'ba*, la pierre noire de La Mecque, vers laquelle chacun se tourne, du reste, en priant. La localisation géographique de ce centre dans le royaume d'Arabie Saoudite aujourd'hui nourrit les prétentions de la monarchie wahhabite à faire prévaloir la forme particulière d'islam qui est la sienne sur les diverses manifestations piétistes qui se partagent la communauté des Croyants. Elle constitue, par là même, un enjeu de pouvoir, comme l'ont montré les manifestations organisées par les pèlerins iraniens depuis 1979 et l'investissement de la Grande mosquée, cette année-là, par un groupe islamiste dissident. L'époque du pèlerinage se clôt avec une autre fête, le grand Bairam ou fête du sacrifice, pendant laquelle chaque père de famille musulman doit immoler un mouton, en souvenir du sacrifice d'Abraham — que l'islam nomme Ibrahim.

Cinquième pilier, la *zakât* ou « aumône légale » est censée constituer l'impôt payé par les représentants les plus opulents de la communauté afin de soulager leurs frères plus démunis. De ce système de redistribution de la richesse, il ne reste plus grand-chose aujourd'hui, si ce n'est une contribution volontaire qui alimente les caisses des mosquées et qu'elles répartissent selon leurs propres critères.

Enfin, certains musulmans considèrent que le *jihad* constitue une obligation si forte et contraignante pour les Croyants qu'il est assimilé à un « sixième pilier » de la religion. Ce terme, qui est aujourd'hui associé, en Occident, au terrorisme et à la prise d'otages auxquels se livre l' « Organisation du Jihad islamique » dans les quartiers de la banlieue sud de Beyrouth, a, au départ, une signification plus vaste. Il signifie « l'effort » que doit faire chaque musulman pour propager l'islam, en lui-même tout d'abord et autour de lui ensuite. Effort pour lutter contre ses mauvais penchants, alcoolisme, fornication, etc., effort aussi pour défendre le territoire soumis à l'autorité musulmane lorsqu'il est attaqué par les infidèles, effort enfin pour agrandir sans cesse le cercle des croyants jusqu'à ce qu'il se confonde avec l'humanité entière, en utilisant « le Coran et le sabre », c'est-à-dire, selon les circonstances, la prédication ou la contrainte. Celui qui fait le *jihad* est plus estimé d'Allah, et aura, selon la doctrine, une place au paradis. Le *jihad*, par ailleurs, peut prendre le pas sur toute observance rituelle autre, et être invoqué pour ne pas respecter celle-ci, en fonction de critères d'opportunité. Ainsi par exemple, lorsque Bourguiba voulut enrayer la destruction du cheptel ovin tunisien occasionnée par les sacrifices du Grand Bairam, il fit décréter que la construction nationale était un « jihad » et que, en son nom, il convenait de cesser de pratiquer cette immolation. De même, la guerre israélo-arabe d'octobre 1973 fut proclamée « jihad » par les autorités religieuses des pays arabes parties au conflit, ce qui permit aux soldats musulmans de rompre le jeûne du Ramadan qui se déroulait alors, afin d'attaquer l'ennemi le ventre plein. Enfin, les combattants algériens de la guerre d'Indépendance contre la France furent qualifiés de « Moujahidin » (c'est-à-dire combattants du *jihad*) et le principal quotidien algérien porte, quant à lui, le titre de *El Moudjahid*, manifestant ainsi que, même un État dont l'idéologie fondamentale était proche du socialisme ne manquait pas de prendre en compte la force de mobilisation populaire des concepts ancrés dans la tradition religieuse.

*

* *

Tels sont, rapidement évoqués, les principaux concepts qui structurent la conception islamique du monde. Loin de constituer des articles de foi dénués de conséquences pratiques, ils ont conservé, grâce à l'interprétation très large qui en est faite, une forte prégnance sociale et politique, et ils manifestent la vitalité dogmatique que conserve, jusqu'à aujourd'hui, la religion révélée à Mahomet.

L'islam dans le cadre des États autrefois colonisés devenus indépendants : la naissance et le développement des mouvements islamistes

De l'après-guerre à la fin des années 60, les pays musulmans qui accèdent à l'indépendance politique sont pris dans le grand tourbillon de l'émancipation du tiers monde et de la course à la modernité. Dans ce contexte, les références à l'islam sont largement relativisées, au profit d'idéologies de « progrès », de « socialisme » ou de « non-alignement » auxquelles est conférée une valeur universelle. L'islam ne disposait pas du théâtre social, mais il est occulté de la scène étatique pour se répandre dans les coulisses de la société civile. Et comme les observateurs et sociologues, principalement américains, ont tendance à privilégier dans leur analyse les proclamations politiques des leaders ou les comportements de l'élite, beaucoup d'entre eux concluent hâtivement à la disparition pure et simple de l'islam public et à sa relégation à la sphère de la piété privée.

Le symbole par excellence du nationalisme arabe alors triomphant est l'Égypte nassérienne. En juillet 1952, les Officiers Libres — au nombre desquels le colonel Gamal Abdel Nasser — renversent la dynastie khédiviale fondée au début du XIXe siècle par Méhémet Ali et prennent le pouvoir. Ils veulent incarner la rupture avec le passé colonial, le renouveau et une émancipation tant politique qu'économique et culturelle :

construire l'État sur des bases modernes, largement décalquées de l'Occident, est la priorité absolue.

Le modèle qui fascine Nasser et ses amis est, dans un premier temps, l'Amérique, par opposition aux puissances coloniales déclinantes d'Europe, Grande-Bretagne et France en particulier. Mais la conjoncture politique nationale et internationale impose au jeune dirigeant égyptien une autre tactique politique et d'autres alliances.

Sur le plan interne, tout d'abord, la prise du pouvoir par les Officiers Libres, en juillet 1952, est le fruit d'un simple coup d'État ; même si ce mouvement, que ses auteurs baptiseront après coup « révolution », bénéficie d'une certaine popularité, parallèle au discrédit dont souffre la monarchie déchue, il ne dispose pas d'un parti de masse qui puisse relayer ses idées et ses projets politiques au sein de la société. Plus encore, après que les Officiers Libres ont dissous tous les partis politiques, vestiges d'un parlementarisme qu'ils estiment révolu, la seule organisation de masse structurée qui appuie le pouvoir est l'Association des Frères musulmans, forte de plus d'un million de membres et de sympathisants actifs. Mais, dans cette alliance, chacun des partenaires entend se servir de l'autre pour parvenir à ses propres fins : les Frères veulent faire des Officiers Libres les accoucheurs de l'État islamique fondé sur la *chari'a* (droit dérivé du Coran et de la Sunna) dont ils rêvent, tandis que les Officiers veulent se servir de l'immense réseau social des Frères pour asseoir et structurer leur contrôle de la société égyptienne.

Après deux années d'escarmouches, le conflit décisif éclate en octobre 1954 : tandis que Nasser prononce à Alexandrie un discours radiodiffusé en direct, il essuie quelques coups de feu qui ne l'atteignent pas mais dont la déflagration est répercutée sur les postes de TSF de l'Égypte entière. Ceinturé par la police (il n'est pas impossible qu'elle l'ait manipulé), le tireur est immédiatement identifié comme un Frère musulman : le jour même, les locaux de l'Association sont saccagés par une foule en furie, les militants pourchassés. Des procès expéditifs condamneront les principaux leaders à la potence, au camp de concentration ou à l'exil. Ce triple destin a une importance très grande pour le renouveau contemporain des mouvements islamistes, car il aura pour aboutissement le martyre, le renouveau de la réflexion et le financement par les pétro-dollars qui caractérisent son essor à partir des années 70.

Le supplice infligé à plusieurs des dirigeants au nom d'une justice sommaire, montre, dans l'immédiat, la détermination du pouvoir nassérien à abattre ses ennemis ; mais il a, sur le moyen terme, des conséquences fâcheuses pour l'image du régime, dont il souligne l'aspect despotique et, lorsque celui-ci connaîtra sa crise majeure, après la défaite de juin 1967 contre Israël, les Frères musulmans nimbés du martyre de leurs leaders conquerront une position de force dans les oppositions légitimes aux pouvoirs établis. Au fondateur Hassan al Banna, assassiné en 1949 par la police du roi Farouk, succéderont dans le martyrologe le juriste Abd al Qadir 'Awda, pendu à la suite du conflit d'octobre 1954 et Sayyid Qutb, idéologue, pendu en juillet 1966, après plusieurs années passées en camp de concentration à écrire des livres dont l'un, *Signes de piste (Ma'alim fi-ltariq)* deviendra un best-seller et le manifeste (ou le bréviaire) des mouvements islamistes révolutionnaires contemporains.

C'est à l'intérieur de ces camps que s'élabora concrètement le renouveau de la pensée islamiste. Sayyid Qutb, né en 1906 dans un bourg de moyenne Égypte, passe par l'École normale d'instituteurs, puis devient inspecteur de l'Instruction publique. Homme de plume, critique littéraire engagé, il participe aux débats qui agitent l'Égypte des années 30 sur le thème des rapports de la tradition musulmane avec la modernité aux traits occidentaux. Après la Seconde Guerre mondiale, sa fougue nationaliste, ses philippiques contre la tutelle britannique sur l'Égypte agacent le roi Farouk qui l'éloigne en lui confiant une mission de deux ans aux États-Unis.

L'exil américain ne fait pas de ce nationaliste, de ce littérateur, un adepte de l'*American Way of Life* ! Choqué par une société dont les valeurs lui restent étrangères, dégoûté par la permissivité des « *Forties* », désargenté, phtisique, obligé de séjourner à l'hôpital, il voit l'Amérique en noir. Du coup, le sentiment de son identité musulmane brille en Sayyid Qutb d'un éclat qu'il n'avait jamais connu.

A son retour au Caire, il se rapproche des Frères musulmans et adhère au mouvement en 1951, à l'âge de quarante-cinq ans. C'est pour lui une seconde vie et il ira jusqu'à déclarer : « Je suis né en 1951. » En 1954, lors de la violente répression de l'Association, il échappe à la potence mais connaît l'horreur quotidienne du camp de concentration, avec ses camarades que les geôliers s'amusent à torturer, voire à tirer comme des lapins.

C'est la face cachée du « socialisme arabe » sur laquelle les progressistes occidentaux gardent un silence pudique.

Qutb séjourne dix ans, jusqu'en 1964, dans cet univers concentrationnaire dont il fait la figure de la société nassérienne. L'État-camp et ses fonctionnaires geôliers, pour Qutb, n'appartiennent pas à l'islam, mais à la barbarie (*jahiliyya*). Ce mot fait référence, dans la culture musulmane élémentaire, à la société de la péninsule arabe avant la prédication de Mahomet et l'âge d'or qui l'a suivie. Elle en est l'envers absolu et symbolise un monde sans Dieu, sans justice, soumis à l'arbitraire des chefs de tribus.

En déclarant que le monde entier, et notamment les pays qui s'auto-proclament musulmans, vit dans la barbarie (*jahiliyya*) et non dans l'islam, Qutb éveille de profondes résonances chez les musulmans qui subissent la trique de leurs nouveaux États. En publiant son livre *Signes de piste*, il fournit aux révoltes qui éclatent ici et là une idéologie aisément accessible à des masses dont la culture est fondamentalement religieuse.

Le programme politique du mouvement islamiste, de « l'avant-garde de l'*Umma* », de cette communauté restaurée que Qutb appelle de ses vœux, sera de se régler sur l'exemple du Prophète : celui-ci mis en danger par la tribu de Quraych qui faisait régner la « barbarie » à La Mecque, quitta cette ville et accomplit « l'Hégire » (littéralement « l'émigration ») vers Médine, d'où, après avoir consolidé les forces de ses partisans, il revint — au bout de plusieurs années — à La Mecque, en conquérant, pour y établir l'âge d'or.

La perspective de revivre l'expérience du Prophète pour abattre la « barbarie » nassérienne, ba'thiste, saoudienne ou autre renforça l'ardeur militante des jeunes islamistes, sympathisants des Frères musulmans dans les camps ou hors de ceux-ci. Cela inquiéta suffisamment le régime nassérien pour qu'il fît pendre Sayyid Qutb en août 1966. L'auteur de *Signes de piste* recevait ainsi la consécration du martyre.

Parallèlement à l'essor des Frères musulmans en Égypte et au Levant à la fin de l'ère coloniale, dans les communautés musulmanes de l'Empire des Indes un penseur avait un rayonnement comparable à celui de Sayyid Qutb. Abou'l A'la al Mawdoudi naquit le 25 septembre 1903 à Hyderabad, dans le Deccan. Son père était un avocat militant contre l'impérialisme britannique, et dès que son fils eut l'âge de recevoir une éducation, le père cessa toute activité professionnelle pour se consacrer à cette tâche. Ce Pygmalion musulman voulait faire de son fils le savant doublé d'un politique qui redonnerait à l'islam sa grandeur et bouterait les Anglais hors de l'Inde. Muni d'un solide bagage linguistique (outre l'ourdou — langue dans laquelle il écrit —, il possède l'arabe, l'anglais et le persan) et rompu à la casuistique musulmane, Mawdoudi commence à dix-sept ans sa carrière comme journaliste engagé.

Sa fougue l'éloigne des organes de presse existants, qu'il trouve trop tièdes et, en 1932, il fonde son propre journal, *Tarjuman ul-Qur'an* (« Le Transmetteur du Coran »). Il y engage ses coreligionnaires à se battre pour édifier dans la totalité des Indes libérées de la colonisation anglaise un État musulman dont la loi soit tirée exclusivement du Coran.

En 1941, il fonde les *Jama'at-i-islami* (« Rassemblements islamiques ») pour mettre en pratique ses idées. Mais les autres partis musulmans considèrent qu'il est plus réaliste de construire sur une fraction du territoire un État national autonome pour les musulmans. C'est ainsi que le Pakistan voit le jour en 1947, en se séparant du reste de l'Inde, gouverné par les Hindous.

Bien qu'il s'installe dans le nouvel État, Mawdoudi en critique violemment la légitimité sur deux registres principaux : tout d'abord, la création d'un « État-nation » pour les musulmans du sous-continent indien lui semble une initiative blâmable qui distrait ceux-ci du *Jihad*, du combat sacré pour que l'islam règne sur la terre entière. Mawdoudi voit là les effets empoisonnés du nationalisme, concept occidental que les élites pakistanaises ont rapporté de leurs études à Oxford et à Cambridge.

Mais, à ses yeux, il ne suffit pas de rassembler des musulmans dans un État pour en faire un État musulman. Il faut que la constitution de cet État soit explicitement inspirée du Coran et que son chef et ses hauts responsables soient tous des musulmans de stricte obédience. Sans quoi, l'on vit dans un état de barbarie, de *jahiliyya*, comme en Arabie avant la prédication de Mahomet. Mawdoudi popularise ces thèmes par une formule que reprendront Sayyid Qutb et les jeunes islamistes des années 70 et 80 : « La souveraineté n'appartient qu'à Dieu. » Les prétentions à gouverner des élites fraîchement émoulues des universités britanniques sont donc vaines ; la science politique occidentale n'est que poudre aux yeux ; la seule voie est l'imitation du modèle fourni par l'âge d'or de l'islam.

En l'occurrence, les hommes les plus dignes d'occuper le pouvoir et de l'exercer selon la volonté de Dieu et la lettre du Coran étaient les membres de *Jama' at-i-islami* ; les diverses tentatives de ceux-ci pour s'imposer valurent à Mawdoudi de très nombreux séjours en prison. En dépit des scores fort modestes de ses partisans aux élections pakistanaises, ils entretinrent une agitation antigouvernementale très vivace, notamment contre le régime de Zulfikar Ali Bhutto, porté au pouvoir par les urnes en décembre 1970. Bhutto avait fait du socialisme l'un des maîtres mots de sa propagande, mais, face à l'opposition de Mawdoudi et des oulémas, il lui avait fallu « islamiser » son slogan en le transformant en « égalité mahométane » (*Muhammadi Musawat*).

Vêtu ou non des habits de l'islam, le « socialisme » de Bhutto, en quelques années, devint autoritaire, accrut les inégalités sociales et pratique un népotisme immodéré, comme plus d'un régime populiste. Face à l'impopularité des hommes politiques accusés de parler d'égalité pour mieux exploiter les pauvres, Mawdoudi lança une campagne pour restaurer « l'ordre du Prophète » (*Nizam-i-Mustafa*). Selon lui, depuis la création du Pakistan en 1947, toutes les variantes d'État moderne à l'occidentale avaient été essayées et avaient échoué : il était temps de revenir à l'ordre préconisé par Dieu dans le Coran.

Autour de ce thème mobilisateur, un puissant front d'opposition mit en difficulté Bhutto qui, le 5 juillet 1977, fut renversé par un coup d'État. Son auteur, le général Zia-ul-Haqq, était nourri de l'œuvre de Mawdoudi et il ne tarda pas à ériger en principe de gouvernement l'instauration de « l'ordre du Prophète ». Mawdoudi, mort en 1979, a vu ses espoirs concrétisés au crépuscule de son existence. Mais plusieurs de ses successeurs à la tête des *Jama' at-i-islami* critiquent sévèrement le despotisme du régime militaire et estiment que, là encore, l'arbitraire des hommes l'emporte sur l'application de la loi divine.

Tel est le cadre local de l'action de Mawdoudi ; mais son œuvre a connu aussi une très large diffusion dans tout le monde islamique : ses innombrables articles et ses livres ont été traduits en arabe et dans les autres langues parlées par les musulmans, ainsi qu'en anglais et — moins souvent — en français. Aux étals des vendeurs de journaux du Caire, dans les rues de Djakarta, dans les arrière-boutiques de Barbès, on vend fiévreusement aujourd'hui ses brochures et ses libelles.

A la fin des années 60, les mouvements islamistes ont reconstitué, dans l'épreuve, leur corps de doctrine : Qutb, Mawdoudi et plusieurs autres se sont efforcés d'analyser les défis que leur posaient les États indépendants modernes et laïcisants du monde musulman. Tant que ces États rencontraient quelque succès, les mouvements islamistes sont restés en dehors de la scène politique. Mais, avec les crises très graves qui remettent en cause ces États et les élites qui les dirigent à la fin des années 60 et au début de la décennie 70, les mouvements islamistes, forts de leur travail de réflexion souterrain, apparaissent en pleine lumière.

Les renouveaux contemporains de l'islam : affrontés à la modernité

Jusqu'à la fin des années 70, le dynamisme et la capacité de mobilisation populaire des jeunes États arabes étaient si forts que les oulémas, liés aux milieux rétrogrades de la société et à des couches qui semblaient atteints d'un lent mais irrémédiable déclin économique, n'avaient pas un grand pouvoir de discussion face à l'autorité politique. Avec la crise économique et morale qui a atteint le monde arabe depuis les années 70, et avec le regain d'un islam contestataire qui se diffuse largement dans les classes jeunes, modernes et éduquées de la société, le rôle des oulémas s'est considérablement accru. Le phénomène le plus frappant dans le monde arabe depuis les années 70 est le regain de l'islam dans les couches socio-culturelles qui sont porteuses par leur âge et leur éducation de l'avenir de cette région du monde. Bon nombre de ceux qui sont, désormais, sortis de l'analphabétisme ont accès à la culture écrite de langue arabe — voire, quelquefois, aux langues étrangères — et qui abordent le marché du travail dans des conditions extrêmement difficiles ne se réclament plus, pour contester le système social ou tout simplement pour juger leur société, des diverses idéologies, importées et traduites en arabe, socialisme, communisme, libéralisme ou autre, mais de l'islam.

Cet islam-là, s'il fait référence à la lettre des mêmes textes que l'islam des oulémas ou de l'autorité publique, n'en a pas précisément le même esprit. Le même Coran, qui sert aux uns à légitimer au nom de Dieu le gouvernement de tel ou tel pays, va servir aux autres à le contester, voire à déclarer licite son assassinat. Cela est possible car presque tout, en islam, est affaire d'interprétation. Le travail des exégètes, des oulémas consiste à rechercher tel ou tel verset du texte coranique, et à le gloser pour l'adapter à la situation contemporaine qui le requiert. Les oulémas sont ici comme des avocats, des juristes qui, pour plaider telle ou telle cause, feront jouer un article du Code selon qu'ils désirent l'acquittement d'un prévenu, ou un autre article s'ils souhaitent sa condamnation.

Il existe aujourd'hui, dans le monde arabe, et, au-delà des limites de celui-ci, dans l'ensemble du monde musulman, une tendance nouvelle à l'intérieur de l'islam, que les spécialistes nomment les « mouvements islamistes » et que les journalistes appellent d'habitude « intégrisme » par référence avec des mouvements catholiques qui n'ont en réalité pas grand-chose à voir.

Pour les militants islamistes, l'objectif, lorsque aura été abattu l'état de « barbarie » qui règne aujourd'hui, est de construire une société véritablement islamique, c'est-à-dire, dans leur pensée, de réconcilier l'idéal éthique avec le système social. Il peut paraître aberrant à ceux qui ne sont pas musulmans que l'on aille chercher un idéal de vie en société au XXe siècle dans un ensemble de dispositions religieuses élaborées dans le monde chamelier de l'Arabie du début du VIIe siècle, et de croire que l'« âge d'or de l'islam » qui aurait fleuri à cette époque puisse être transposé tel quel de nos jours. Certes, mais il ne s'agit pas, dans l'esprit des militants islamistes, de tout copier trait pour trait ; l'« âge d'or » leur sert de modèle de référence, à la manière, par exemple, du siècle de Périclès qui vit fleurir la démocratie directe à Athènes au Ve siècle avant Jésus-Christ et inspire encore aujourd'hui l'idéal de société en Occident. Pourtant, cette démocratie-là reposait sur la servitude du plus grand nombre des résidents de la cité grecque, et ceux qui, aujourd'hui, se disent démocrates n'en sont pas pour autant partisans de l'esclavagisme.

La référence islamiste à l'« âge d'or » a surtout pour effet de maintenir, dans le domaine du possible et du souhaitable, un contre-modèle qui s'oppose à l'ordre qu'imposent les États du monde arabe aujourd'hui à leur société. Pour ce qui est des modalités pratiques du gouvernement une fois que la « révolution islamiste » aura eu lieu, force est de constater que rien de bien décisif n'a vu le jour jusqu'alors.

Les différents courants islamistes diffèrent profondément

entre eux par rapport à la stratégie qu'il faut employer pour abattre l'état de « barbarie ». On y rencontre des groupes qui s'efforcent de réformer graduellement les lois par un jeu subtil de pressions sur le pouvoir, de patient travail de lobby, et, à l'autre extrémité, des sectes secrètes qui accomplissent des actions terroristes. Cet écheveau de tendances et de factions est encore embrouillé par les intrigues des différents gouvernements arabes, qui soutiennent quelquefois chez leurs voisins tel ou tel groupe qui entretiendra la subversion, alors qu'ils pourchassent sur leur propre territoire les groupes équivalents.

Parmi les groupes légaux ou semi-légaux, les Frères musulmans et leurs différentes ramifications occupent le devant de la scène. S'ils ont pignon sur rue à Amman, sont tolérés en Égypte, ils sont interdits en Syrie. Au Caire, leur principal dirigeant, l'avocat Omar Talmasani, est passé maître dans l'art de savoir, dans ses rapports avec le gouvernement, jusqu'où il peut aller trop loin : en Syrie, les Frères musulmans, pourchassés par le régime, lui ont causé un défi très sérieux en 1982, surtout quand, au mois de février, la ville de Hama s'est soulevée à leur instigation, et n'a finalement été reprise qu'après qu'eurent été rayés de la carte par l'aviation et les blindés les vieux quartiers centraux de cette ville, qui fut l'une des plus belles de l'Orient. En Tunisie, le Mouvement de la tendance islamique, dirigé par un enseignant, Rachad Ghannouchi, après avoir subi répression et incarcérations, est en train de négocier son existence légale et sa transformation en parti politique. Au Maroc, l'opposition islamiste est emmenée par un autre pédagogue de métier, Abdessalam Yacine, dont on peut se procurer le livre *La Révolution à l'heure de l'islam*, qu'il a lui-même rédigé en français. « A partir de réalités médiocres, écrit-il dans sa préface, je recherche la méthode de rompre avec la dynamique du modernisme creux qui nous emporte, pour initier une action libératrice, orientée vers la dignité et l'unité des peuples musulmans. Il s'agit d'islamiser la modernité, non de moder/niser l'islam ! » Pour les mouvements islamistes maghrébins, la proximité de la France est importante : c'est en effet dans ce pays qu'ils peuvent faire imprimer librement et sans difficulté leurs écrits, et, d'autre part, l'échange constant avec l'Europe par le biais des flux migratoires rend le vocabulaire et les catégories des islamistes maghrébins beaucoup plus « modernes » que ceux de leurs collègues du Moyen-Orient..

A l'autre extrême des mouvements islamistes se trouvent les groupes secrets, qui utilisent la violence ou le terrorisme pour parvenir à leurs fins.

Le mouvement islamiste le plus original et sans doute le plus symbolique de ces dernières années fut le groupe surnommé Excommunication et Hégire, qui a défrayé la chronique en assassinant en 1977 un ouléma égyptien pris en otage. Ce groupe avait pour dirigeant un jeune agronome, Chukri Moustapha, qui avait passé le plus clair de sa jeunesse dans les prisons et les camps nassériens, où il avait eu tout loisir pour lire et méditer l'œuvre de Sayyid Qutb.

Prenant celle-ci au pied de la lettre, Chukri avait emmené ses disciples en dehors de la société, dans des communautés autarciques. Là, on se fortifiait pour préparer l'avènement de la vraie société musulmane, comme le Prophète, lorsqu'il était à Médine. Par la pratique de son groupe, Chukri jouait sur les deux sens qu'a, en arabe, le mot *hijra* : « hégire », d'une part, ce qui fait référence à l'exil politique de Mahomet, et « émigration », d'autre part, ce qui fait référence à la nécessité qu'ont beaucoup de jeunes Arabes aujourd'hui de s'expatrier pour gagner les moyens de leur subsistance. Chukri faisait accomplir à ses adeptes les deux *hijra* en une seule, transformait l'émigration de travail en une politique au sein de sa communauté, qui fonctionnait en vase clos. Ainsi les jeunes vivaient-ils symboliquement cet « âge d'or de l'islam » en fourbissant leurs armes pour affronter un jour la société égyptienne, nouvelle Babylone à leurs yeux.

L'utopie de Chukri avait, par ailleurs, des aspects peu reluisants : mariages forcés, règne de la violence, prise d'un otage et assassinat de celui-ci. Mais elle est restée aujourd'hui, après la pendaison de son chef et la dispersion du groupe, dans l'esprit de bien des jeunes Arabes.

L'attaque de la grande mosquée de La Mecque, en novembre 1979, était le fait d'un groupe un peu semblable, qui accusait la famille royale saoudienne de ne plus adorer Dieu, mais le rial (la monnaie locale). Ainsi, les pays les plus ostentatoirement musulmans ne sont pas pour autant épargnés par la contestation islamiste. D'autres groupes, plus minoritaires, pratiquent exclusivement le terrorisme ; le plus célèbre est aujourd'hui le Jihad islamique, qui s'est spécialisé dans les attentats meurtriers et l'enlèvement d'otages étrangers. Son implantation populaire semble nulle, et les observateurs se demandent surtout par quel État il est téléguidé.

Enfin, l'influence des mouvements islamistes passe surtout par le canal des grands prédicateurs populaires qui se sont ralliés à leur cause ; le plus célèbre d'entre eux est le cheikh aveugle Abd al-Hamid Kichk, dont les homélies enregistrées sur cassettes font le tour du monde arabe, jusqu'aux mosquées et librairies musulmanes de l'Hexagone.

Ses propos sont féroces, et si beaucoup se reconnaissent dans la critique sociale terrible qu'il professe, d'autres considèrent qu'il n'est qu'un démagogue qui caricature l'islam.

Toujours est-il que, contestataire ou conservateur, c'est l'islam qui a aujourd'hui le vent en poupe dans le monde arabe. Reste à savoir si l'islamisation de la modernité restera à jamais une utopie, souriante ou hideuse, et comment la modernité peut être transformée par l'islam pour permettre aux Arabes de relever les défis fondamentaux qu'ils affrontent ; sans quoi ce ne sera là qu'une nouvelle passion dont le destin risque fort de ressembler au nassérisme et à la cause palestinienne, et le monde arabe s'en retrouvera de nouveau bientôt veuf.

BIBLIOGRAPHIE

Gilles KEPEL, *Le Prophète et Pharaon*, Paris, La Découverte, 1984. (sur les mouvements islamistes).

Bernard LEWIS, *Le Retour de l'Islam*, Paris, Gallimard, 1985.

André MIQUEL, *L'Islam et sa civilisation*, Paris, Armand Colin, 1982.

Maxime RODINSON, *Mahomet*, Paris, Seuil (Points), 1967.

La question de la situation de l'*Islam en France* à été soulevée dans le débat qui a suivi cette conférence. Il apparaît que l'affirmation de l'islam sur la scène sociale nationale est inséparable des mutations qu'a connues l'immigration musulmane en France depuis les années 70, et des besoins identitaires des populations concernées. Mais cela a été rendu possible par l'évolution du monde musulman dans son ensemble durant cette période, telle que la présente cette conférence.

Sur l'islam en France,

voir *Encyclopedia Universalis*, Universalia 1990, G. KEPEL : l'*Islam en France*, p. 329-331.

B. ÉTIENNE, *La France et l'Islam*, Paris, Hachette, 1989.

G. KEPEL, *Les Banlieues de l'Islam*, Seuil, Paris, 1987.

R. LEVEAU et G. KEPEL, (ed.) *Les Musulmans dans la société française*. Presses de la FNSP, Paris, 1988.

LES PARADOXES DE LA SÉCULARISATION : SECTES ET NOUVEAUX MOUVEMENTS RELIGIEUX

Par Danièle HERVIEU-LÉGER

Depuis quelques années, il se passe rarement un mois sans qu'un magazine hebdomadaire à grand tirage fasse sa première page sur les sectes, les « marchands de Dieu », les « fous de Dieu », etc. Des livres ont été publiés pour dénoncer l'emprise croissante de ces groupes religieux menaçants sur la jeunesse, ou pour témoigner sur leurs méthodes de recrutement. Des événements aussi dramatiques que le suicide collectif des 920 membres de la secte du Temple, à Jonestown en Guyana, en 1975, ont fortement contribué à aiguiser cette attention inquiète de l'opinion à l'égard des sectes, et à accroître l'intérêt qu'elles suscitent dans les media. Un journaliste ou un chercheur qui analyse de façon distanciée, et sans porter de jugements définitifs sur la nocivité de l'adhésion sectaire, les pratiques de tel ou tel groupe est immédiatement suspect de complicité avec l'objet, et parfois pris à partie par les associations familiales de défense contre les sectes. On peut certes comprendre l'émotion de ceux qui ont vu un de leurs proches s'engager sans retour dans des expériences ou dans un mode de vie qui l'a coupé de tout contact avec son environnement social et familial : des drames de ce genre ne sont pas exceptionnels. Cependant, il est indispensable, pour comprendre la signification sociale et culturelle des développements sectaires contemporains, d'aborder le problème avec sérénité, en tenant à distance — pour le temps de l'analyse — les appréciations à l'emporte-pièce et les opinions reçues. Il ne s'agit pas de se refuser à tout jugement, mais de se donner, précisément, les moyens de construire son jugement personnel.

Qu'est-ce qu'une secte ?

La première chose à faire, dans cette perspective, est d'éclairer le sens du mot secte. Car l'usage courant du terme et son emploi sociologique ne coïncident pas. Dans le langage ordinaire, dire de quelqu'un qu'il est sectaire, ou d'un groupe qu'il est une secte, n'a rien d'un compliment. C'est une manière de désigner négativement des attitudes et des comportements intransigeants, intolérants, fermés à la communication et au dialogue, prompts à condamner ce qui ne leur ressemble pas. La secte évoque, pour l'opinion commune, le prosélytisme débridé de fidèles fanatisés, la manipulation mentale des adeptes par des gourous plus ou moins illuminés, la répétition infinie de formules toutes faites par des convertis transformés en robots... S'ajoutent volontiers à ces images péjoratives le parfum de scandales financiers, ou quelques histoires d'enlèvement...

Quand le sociologue des religions parle de secte, ce n'est pas ce sombre paysage qu'il a d'abord en tête. Pour lui, la secte est un type d'organisation religieuse qui se définit essentiellement par différence d'avec un autre type d'organisation religieuse : l'Église. La référence, dans cette matière, est l'analyse des groupes religieux présentée par le sociologue Ernst Troeltsch dans un ouvrage majeur paru en 1912 (et toujours pas traduit en français !), intitulé *Les Enseignements sociaux des églises et des groupes chrétiens*. Dans ce livre, le sociologue allemand dresse une vaste fresque historique du christianisme, en montrant comment, à chaque époque, les enseignements sociaux des Églises et des groupes ont contribué à former l'esprit de leur temps et à construire, à travers les siècles, les idéaux du monde moderne. A travers les grandes époques typiques de cette histoire du christianisme, depuis le christianisme primitif, il souligne le rôle majeur qui a été celui des sectes et de la mystique. Dans les sectes médiévales, il range tous ces mouvements radicaux qui, dans la grande poussée du développement urbain au Moyen Age, ont voulu donner un contenu concret et immédiat à l'exigence chrétienne de pauvreté, comme ce marchand lyonnais Pierre Valdo qui abandonna son commerce pour partir prêcher sur les routes. A travers cet appel à une vie évangélique effective, ces courants ont cristallisé les revendications sociales des paysans et des laissés-pour-compte de ce développement : Vaudois, premiers franciscains, groupes de pauvres prêtres en Angleterre, Hussites, etc. Parmi ces sectes, certaines prônaient le retrait complet du monde mauvais ; d'autres entreprenaient de le changer et se liaient à des guerres de paysans. Mais dans tous les cas, elles ont été un ferment de protestation sociale autant qu'un mouvement de rejet d'une Église qui pactisait avec les puissants : elles ont joué un grand rôle dans la diffusion des idées d'égalité dans le monde occidental, en mettant en avant l'égale dignité de tous les baptisés devant Dieu.

Cette dimension protestataire, Ernst Troeltsch la retrouve dans les groupes issus, au XVIe et au XVIIe, du mouvement qu'on appelle la « Réforme radicale ». Car la Réforme, au XVIe siècle, ce n'est pas seulement Luther et Calvin, qui prêchent la rénovation de la vie religieuse et la refonte du dogme : c'est aussi une extraordinaire efflorescence de petits groupes qui veulent aller beaucoup plus loin. Ceux-ci en appellent non pas simplement à la purification de l'Église, mais à la restitution du christianisme primitif, tel qu'il était vécu dans les communautés décrites dans les Actes des Apôtres :

> Tous ceux qui croyaient étaient dans le même lieu, et ils avaient tout en commun. Ils vendaient leurs propriétés et leurs biens, et ils en partageaient le produit entre tous, selon les besoins de chacun (Ac. 2, 44-45).

Cet idéal radical s'est incarné en particulier dans un vaste courant qu'on désigne sous le nom d'Anabaptisme. Les anabaptistes ont reçu ce nom du fait qu'ils refusaient de faire baptiser les enfants petits : ils considéraient que la foi est le fait d'un adulte qui a écouté la prédication de la Parole divine et qui répond personnellement à la grâce. En 1525, des croyants de Zurich décident qu'il leur faut être baptisés à nouveau pour manifester leur foi, en adultes personnellement engagés. Parmi ces groupes, certains, pour hâter la venue du Royaume de Dieu sur la terre, se sont engagés dans la lutte armée contre les puissants : c'est le cas de Thomas Munzer, qui s'empare de la ville de Munster en Allemagne. Terminée tragiquement, cette guerre des paysans (1533-1535) sera présentée plus tard par Engels comme une sorte de révolution communiste anticipée. D'autres groupes ont choisi une voie rigoureusement pacifiste, refusant de porter les armes et de prêter serment à l'État. Ces « objecteurs » avant la lettre se sont multipliés en Suisse et en Allemagne à partir de 1525. Certains, comme les anabaptistes houtteriens, optent pour une vie entièrement communautaire, en se conformant strictement à la Bible, etc. Cette Réforme radicale, qui a dû faire face partout à la répression terrible de l'État appuyé par les « grandes Églises », a constitué le point de départ d'un courant toujours vivace de sectes dites « de terrain protestant ». Leur rôle a été considérable dans le grand mouvement, situé à mi-chemin entre la Réforme et la Révolution française, qu'a été la Révolution anglaise (1647-1649), dans lequel se dessinent, sur le mode religieux, tous les grands enjeux de la politique moderne (la liberté individuelle, l'égalité sociale, etc.).

C'est à ces courants de la Réforme radicale qu'Ernst Troeltsch pense quand il définit la notion sociologique de la « secte », par opposition au type « église » qui renvoie bien sûr, dans son esprit, aux Églises catholique et protestantes (luthériennes et réformées).

Chacun de ces types ne décrit pas directement tel ou tel groupe particulier du passé et du présent : ce sont des notions, des « concepts » qui servent simplement à mettre de l'ordre dans l'extraordinaire diversité des phénomènes religieux qu'on peut observer dans la réalité. Si j'insiste sur ces notions un peu abstraites, c'est qu'elles vont nous servir à comprendre comment, dans chaque cas particulier, peuvent se combiner des traits qui apparentent le groupe à une église, d'autres qui l'apparentent à une secte, etc. Les notions de « secte » et d'« église » sont ce que nous appelons, dans notre jargon, des « types-idéaux ».

Quelles sont les caractéristiques, selon Ernst Troeltsch, qui différencient l'église et la secte ?

Première différence majeure : la taille. La secte est toujours un petit groupe. Par opposition à l'église, qui met l'accent sur le nombre et sur l'extension maximale du groupe, la secte privilégie l'intensité de l'engagement du fidèle. Cela signifie qu'on ne peut pas être membre d'une secte simplement parce qu'on a des parents qui en faisaient partie. On peut naître dans une Église, mais on entre toujours dans une secte à la suite d'une démarche personnelle, qui correspond le plus souvent à une conversion. La conversion elle-même procède de la grâce reçue par les fidèles dans l'écoute de la prédication. Les sacrements (baptême, eucharistie) sont, dans l'église, des moyens qu'ont les fidèles de recevoir la grâce, c'est-à-dire la puissance divine agissant en eux et les transformants. Dans la secte, ces sacrements sont là uniquement pour que les convertis puissent témoigner de la grâce qu'ils ont reçue : on ne se convertit pas en recevant le baptême, on est baptisé parce qu'on a été converti en écoutant la Parole (la Bible). C'est la raison pour laquelle les « anabaptistes » refusaient résolument la pratique du baptême des petits enfants et se faisaient rebaptiser.

Cette conversion et cet engagement personnels tendent à placer tous les adhérents sur un pied d'égalité : dans une secte, il n'y a pas, comme dans l'église, ceux qui ont un engagement religieux radical (par exemple : les moines qui prononcent des vœux de pauvreté, de chasteté et d'obéissance), et ceux qui se contentent d'observer les prescriptions minimales, compatibles avec la vie dans le monde. L'église prévoit ces deux niveaux d'engagement : elle a un régime de « double éthique ». La secte, elle, appelle chacun de ses membres à une vie religieuse intégrale et radicale. Il n'y a pas non plus, dans la secte, de ministres spécialisés : chaque converti est « prêtre », en ce sens qu'il participe au sacerdoce de tous les baptisés. Les rites du culte ne sont d'ailleurs pas fixés comme ils le sont dans l'église : en principe, c'est la spontanéité de tous les fidèles qui prévaut et qui s'y exprime.

Cet « égalitarisme radical » qui caractérise la secte l'amène à se concevoir elle-même comme le rassemblement des « saints » : ce qui fait la sainteté de la secte, c'est la sainteté de chacun des ses membres, c'est-à-dire la manière dont chacun se conforme à l'idéal de perfection proposé à ceux qui se sont convertis. Dans le cas de l'Église, la sainteté est le fait de l'institution elle-même : c'est l'Église qui est sainte, et cette qualité n'est pas remise en question par les manquements individuels des fidèles à qui elle offre en permanence les moyens de se réformer et de se réconcilier avec elle.

La secte, elle, n'offre à ses membres aucune possibilité d'accommodement avec les exigences qui sont attachées à une conception radicale de l'Évangile.

Cette exigence religieuse extrême, qui doit gouverner la vie de chaque converti à chaque instant, laisse évidemment peu de place pour une participation aux affaires du monde. Cela ne signifie pas forcément que les sectes prônent le retrait physique de la vie sociale, professionnelle, etc. Mais l'engagement sectaire implique que le converti vive dans le monde « comme s'il n'en était pas », sans se laisser dominer par les valeurs et les pratiques qui ont cours dans le monde politique, professionnel, etc. L'exigence ascétique s'exprime, au niveau du groupe, par une indifférence caractéristique de la secte à l'égard de la politique, et à l'égard de la culture dominante. L'église, au contraire, dans son souci d'être présente au monde tel qu'il est afin d'y exercer l'influence la plus large possible, est toujours disposée à composer avec l'univers politique et culturel où elle s'inscrit. C'est ce « compromis » (qui conduit en particulier les Églises à se soumettre à l'État et à ses lois) que la secte dénonce : car il n'y a qu'une loi, celle de Dieu, écrite dans la Bible. En acceptant les exigences de la loi civile, les Églises ont, selon la secte, affadi le message religieux : « si le sel ne sale plus, qu'en fait-on ? on le jette »...

Des groupes de « purs »

Du point de vue de la secte, l'église a donc trahi le message religieux en « adaptant » ses exigences aux impératifs du monde... Du point de vue de l'église, la secte, elle, trahit l'intention de ce message en la réservant à une petite élite de « purs » qui s'isolent de la grande masse de ceux à qui il est destiné... Toute l'histoire du christianisme, depuis les origines, est traversé par ce conflit qui a pris diverses formes à travers le temps. Ce conflit oppose les Églises aux sectes, mais on le trouve aussi présent à l'intérieur des « grandes Églises », entre des courants qui mettent l'accent sur le fait que le message doit être accessible au plus grand nombre de gens possible, même s'ils ne sont pas des modèles de vie chrétienne, et d'autres qui insistent sur l'exigence du message, qui doit guider la vie entière.

Le modèle sociologique d'Ernst Troeltsch permet d'isoler les composantes majeures de ce conflit, étant bien entendu que dans la réalité de la vie des groupes et des institutions, les choses sont toujours moins claires et moins tranchées : aucune secte protestante historique ne « colle » parfaitement au modèle qui vient d'être présenté. Un exemple, parmi beaucoup d'autres possibles : la spontanéité cultuelle, que Troeltsch désigne comme un trait typique de la secte, dure rarement au-delà d'une génération. Et certaines sectes ont poussé si loin la rigidité cultuelle qu'elles ont même fixé le texte des sermons pour chaque dimanche : le célébrant ou l'Ancien qui préside le culte se contente simplement de le lire... Pour utiliser intelligemment le modèle de Troeltsch, il faut bien comprendre qu'il ne s'applique idéalement qu'à la secte de terrain protestant, au moment où elle apparaît dans l'histoire.

Des groupes religieux « protestataires »

Cela ne veut pas dire qu'on ne trouve des sectes que dans le monde chrétien du XVIe siècle ! J'ai déjà évoqué les sectes médiévales. En fait, on trouve des mouvements sectaires dès l'origine du christianisme. Or le christianisme lui-même a émergé comme une nouvelle secte dans un monde juif antique où fleurissaient beaucoup d'autres groupes du même genre. Parmi ces groupes juifs anciens porteurs d'une vision religieuse radicale, on pense, en particulier, aux communautés esséniennes. Les phénomènes de dissidence religieuse, dans lesquels s'exprime une nouvelle manière de concevoir et de rechercher la fidélité religieuse authentique, par opposition à des institutions religieuses établies enfermées dans leur routine, sont légion, aussi bien dans le monde juif que dans le monde musulman, aussi bien dans l'univers monothéiste des religions du Livre que dans l'univers religieux oriental. Le hassidisme, né en Pologne au XVIIe, et qui opposait au légalisme dominant dans le monde juif une conception plus mystique et plus émotionnelle de la pratique religieuse a suscité, jusqu'à nos jours, des communautés qui présentent, du point de vue sociologique, des traits nettement sectaires. Il y a des traits sectaires également dans le retour, prônée par le wahhabisme au XVIIIe, à une conception épurée de la foi musulmane et à une application rigoureuse de la *Chari'a* (la loi). On peut également parler de secte dans le cas du Baha'isme, fondé au XIXe par deux chiites iraniens, Mizra Ali Muhammad (le « Bab ») et Mizra Husayn-Ali (Baha'u'llah) : cette religion sans prêtres développe une morale ascétique exigeante, mais cette secte n'est pas « sectaire » au sens banal du terme, car elle met précisément l'accent sur l'unité de la révélation présente dans toutes les grandes religions, unité dont Baha'u'llah a eu la révélation personnelle.

Un trait très largement commun à toutes les sectes, dans toutes les religions et à toutes les époques, est la présence à la naissance du groupe, puis dans sa mémoire, d'un fondateur. Un très grand nombre d'entre elles ont été fondées par des « prophètes » qui se prévalaient d'une révélation personnelle qu'ils auraient reçue (par illumination subite ou à travers un long processus de maturation spirituelle). Dans certains cas, il s'agit d'un message complètement nouveau. Le plus souvent, le prophète propose une lecture renouvelée d'une tradition ancienne. Il invite ses adeptes à revenir à la pureté de la révélation primitive, telle qu'on peut la trouver dans les textes sacrés. Le succès de sa prédication est lié à la conviction qu'il est capable de faire passer chez ceux qui l'écoutent. Que le prophète témoigne de dons particuliers (celui de guérir ceux qui l'approchent par exemple) ou qu'il se contente d'interpréter les Écritures, il est toujours, d'une manière ou d'une autre, un homme hors du commun, un personnage extraordinaire. Mais la capacité de parler et de prêcher avec force un message nouveau ne lui attirerait pas beaucoup de disciples s'il ne trouvait pas en face de lui des gens qui précisément ne savent plus trop où ils en sont et qui attendent qu'on leur propose une nouvelle vision du monde, une nouvelle promesse d'un monde meilleur. Il n'est pas étonnant que ce message religieux qui rend un son neuf trouve un écho particulier dans des couches sociales déstabilisées par des changements sociaux, traumatisées par des guerres, appauvries par des mauvaises récoltes.

On observe, quand on fait de l'histoire des religions, que les périodes où les sectes pullulent et se développent le plus sont les périodes troublées, les périodes de crise économique et politique, les périodes où un monde ancien est en train de basculer et où un monde nouveau apparaît : la fin de l'Antiquité, le XIIe-XIIIe siècle, le XVIe siècle, le XIXe siècle... Et ceux qui cherchent dans les sectes la vision religieuse d'un autre monde essayent souvent, par ce biais, de donner un sens aux changements qu'ils vivent et aux épreuves qu'ils traversent.

On comprend mieux, du même coup, ce rejet social dont les sectes font l'objet, à travers les âges et les aires culturelles, rejet que leurs membres payent parfois de leur vie. Indépendamment des « affaires » souvent sinistres qui occupent régulièrement la une des journaux et qui témoignent des excès commis par certains groupes, on retrouve dans les accents immédiatement péjoratifs du langage commun, dès qu'il s'agit de groupes religieux minoritaires, sortant un tant soit peu de l'ordinaire, quelque chose de la peur qu'ont toujours suscitée des mouvements dont la recherche radicale de la « pureté » religieuse est perçue comme une menace pour l'ordre religieux et pour l'ordre social dominant.

Cette menace est particulièrement ressentie si, ce qui est souvent le cas, la secte annonce la fin des temps en même temps que la nécessité d'en revenir à la pureté d'une inspiration que les institutions religieuses auraient perdue en s'« installant dans le monde ». Beaucoup de sectes ont cette orientation apocalyptique : elles annoncent l'imminence d'une catastrophe pour le monde perverti, et elles proposent une voie de salut pour le « petit reste » qui aura changé sa vie. Lorsqu'elles lient l'émergence de ce monde nouveau à la venue d'un messie qui établira son règne sur la terre, on parle à leur propos de sectes messianiques, ou millénaristes.

Si la secte est perçue négativement par les institutions religieuses dominantes dont elle conteste les accommodements pris avec l'esprit du monde, il ne faut pas oublier que la plupart des grandes Églises ont commencé par être des sectes. C'est bien ainsi qu'a été perçu le petit groupe des fidèles de Jésus, qui attendaient le retour imminent de leur sauveur et l'établissement de son règne sur la terre. Cela veut-il dire que toute secte tend à devenir, avec le temps et la perte de ses espérances millénaristes, une église ? Ou encore, est-ce que l'église ne serait pas simplement une secte vieillie et « routinisée » ? Les choses ne sont pas exactement aussi simples, car toutes les sectes ne se transforment pas en Églises. Certaines se figent dans leur état de secte, elles se pétrifient, elles perdent le style exalté de leurs débuts, mais elles gardent le même rejet de la culture dominante et elles essayent autant que possible de maintenir leur refus de contact avec le monde. Les Amish de Pennsylvanie, qui sont les héritiers de l'anabaptisme pacifique du XVIe siècle, existent depuis plusieurs siècles et ils ont conservé leur caractère de contre-société, sans devenir une église : le film *Witness* a très bien montré cet isolement volontaire par rapport à la civilisation moderne (et l'on a pu voir, en même temps, l'image d'un groupe désuet certes, mais éminemment respectable et estimable, dans son désir de se tenir hors d'un monde de perdition...).

L'émergence des « Nouveaux mouvements religieux » contemporains

Dans cette fin du XXe siècle, marqué par la dominance de la science et de la technique, où la religion — au moins dans les pays d'Europe occidentale et d'Amérique du Nord — ne constitue plus un principe organisateur de la vie sociale, on a longtemps pensé que les groupes religieux (Églises ou sectes) n'avaient plus guère d'avenir. Or les faits ont déjoué ces pronostics : si les Églises ne jouent plus le rôle social, politique et culturel qui a été le leur dans le passé, elles ne sont pas aussi absentes de la vie publique qu'on avait cru pouvoir le prévoir. Quant aux « sectes » (il vaudrait mieux dire ici : quant aux petits groupes religieux non affiliés aux grandes Églises), ils semblent témoigner d'une particulière vitalité...

Sans doute faut-il être prudent, et ne pas se laisser abuser par la médiatisation du phénomène : ce n'est pas parce que ces groupes religieux ont un caractère parfois exotique qui attire sur eux l'attention des media à la recherche du « religieux spectaculaire » que leurs adeptes sont forcément très nombreux. Cela dit, il reste que l'on a vu émerger, depuis une vingtaine d'années, un ensemble de phénomènes que les sociologues ont pris l'habitude de désigner sous le label « Nouveaux mouvements religieux », et qui occupent aujourd'hui beaucoup de leurs recherches. Certains seulement de ces Nouveaux mouvements religieux présentent des caractères sectaires, du point de vue sociologique.

La première poussée significative de ces Nouveaux mouvements religieux dans les pays occidentaux a commencé au tournant des années 70, sur les campus des universités américaines. D'emblée il apparaît donc qu'il ne s'agit pas d'un phénomène étranger au monde moderne : ceux qui sont attirés par ces groupes sont des intellectuels, des étudiants qui baignent dans la culture scientifique moderne. Une bonne partie d'entre eux ont été des militants politiques : ils ont participé aux luttes contre la guerre du Vietnam, aux actions pour l'égalité des droits des Noirs, etc. Ils ont contribué à élaborer cette « contre-culture » de la fin des années 60, qui critiquait le matérialisme et l'ennui d'une société de consommation satisfaite d'elle-même et inconsciente des menaces qui pèsent sur la planète. L'une de ces menaces, c'est celle d'une catastrophe écologique. Progressivement, la question de la survie de la terre et de la nature bouleversée par la violence technologique occupe une place de plus en plus importante dans cette contre-culture. L'idée qu'il faut changer de mode de vie, pour retrouver une harmonie avec la nature, avec soi-même et avec les autres est de plus en plus présente, et tend à relayer les thèmes directement politiques du changement de la société. Il faut dire que dans les années qui suivent le fiasco vietnamien, la politique est très déconsidérée dans la jeunesse américaine. Ceux qui ne veulent plus entendre les discours usés sur les valeurs américaines et sur les bienfaits du système américain cherchent du côté de la musique, de la drogue, du retour à la nature, etc., les voies d'une vie différente. Beaucoup de ceux qui ont participé à cette recherche effervescente et désespérée d'une issue à ce qu'ils vivaient comme l'échec du rêve américain ont été profondément déstabilisés par cette expérience de la contre-culture : à quelles nouvelles valeurs se référer ? Comment en finir avec les ravages de la drogue ? Comment retrouver un sens à sa vie en société ? L'épidémie du SIDA qui frappe particulièrement ces milieux a contribué à donner à ces questions un caractère très dramatique. C'est dans ce contexte que se dessine, au début des années 70, cette orientation néo-religieuse qui prolonge, sous une autre forme, les recherches de la contre-culture. Parmi les thèmes de cette « nouvelle conscience spirituelle », il y a l'idée qu'aucun changement de vie n'est possible si l'individu ne se change pas d'abord lui-même. La transformation intérieure passe au premier plan. Mais comment y parvenir ? Plusieurs voies se dessinent : celle de la contemplation de la nature, celle de la méditation, celle de l'ascèse telle que l'ont pratiquée toutes les grandes traditions religieuses, etc. Dans tous les cas, chacun a besoin, pour effectuer cette mutation, de l'aide d'un guide, de l'appui de quelqu'un qui est déjà avancé dans cette voie. Le développement de la « nouvelle conscience spirituelle » a donné lieu à la multiplication de groupes d'initiation et de communautés, rassemblées autour d'un « gourou », d'un maître déjà initié ou d'un berger, et développant des doctrines et des méthodes extrêmement diverses.

Nouveaux mouvements religieux (N.M.R.) à l'Ouest : une mosaïque de groupes et de réseaux

Cette prolifération de « nouveaux groupes religieux » n'est pas restée limitée aux campus universitaires américains. Elle a touché rapidement l'ensemble des classes moyennes blanches, puis toutes les couches de la société, en même temps que ce phénomène s'étendait à l'ensemble des pays occidentaux. Les sociologues des religions qui, au début des années 70, pensaient que cette efflorescence néo-religieuse avait peu de chances de durer, ont commencé à examiner les choses de beaucoup plus près et à se demander si les intérêts pour la religion, dans les sociétés les plus avancées, étaient aussi faibles qu'ils l'avaient pensé...

Le paysage des Nouveaux mouvements religieux est difficile à décrire, tant est grande la diversité des groupes et des réseaux qui en relèvent. En schématisant un peu, on peut distinguer trois grandes « familles » de groupes :

— Un premier ensemble de groupes est constitué par les groupes orientaux implantés et acclimatés en Occident. Ces groupes viennent le plus souvent de l'Inde, « découverte » à l'époque où les jeunes (et moins jeunes) prenaient la route de Katmandou. L'importance des maîtres spirituels y est centrale : l'adepte choisit un « gourou », plus qu'un groupe ou une doctrine. Les enseignements apportés par ces guides de sagesse sont variés mais tous proposent au nouvel adepte un travail sur lui-même, à la recherche de sa vérité intérieure. Dans un certain nombre de cas, ce chemin spirituel passe aussi par la vie en communauté.

C'est le cas de l'Association internationale pour la conscience de Krishna (A.I.C.K. Hare Krishna). Cette association a été fondée en 1966 par Bhaktivedanta Swami Prabhupada. La récitation continuelle d'un mantra (« Hare Krishna, Hare Krishna, Krishna, Krishna, Hare, Hare, Hare Rama, Hare Rama, Rama, Rama,

Hare, Hare ») permet aux adhérents d'accéder à Krishna, considéré comme le Dieu Suprême. Mais les dévots sont aussi astreints à une activité missionnaire intensive, à une ascèse stricte (pas d'alcool, pas de relations sexuelles hors mariage, végétarisme, etc.) et à une vie en communauté. Dirigée depuis les États-Unis, cette organisation compte 141 temples dans le monde et elle est implantée dans 46 pays. Elle possède des restaurants végétariens, une maison d'édition, une fabrique d'encens et de nombreuses propriétés immobilières. Divers scandales ont obligé les responsables à prendre, en 1987, des mesures d'assainissement et à écarter quelques gourous peu scrupuleux.

Autre exemple : celui de la Mission de la Lumière Divine, créée en 1960 par le Gouru Sri Maharaj Ji, qui propose aux adeptes de s'arracher à la souffrance par la méditation des enseignements de Krishna, Bouddha et Jésus. Les disciples, qui vivent en ashram (communauté), travaillent pour le Gouru. La Mission organise des festivals internationaux et possède une maison d'édition, une compagnie aérienne, une maison de disques, etc.

Le mouvement de Bhagwan Shree Rajneesh, fondé par un professeur de philosophie d'origine indienne, repose entièrement sur la confiance du disciple à l'égard du maître qui l'aide à faire une expérience personnelle, refuse les dogmes, mais emprunte des techniques de méditation et d'ascèse à toutes les traditions spirituelles d'Orient et d'Occident.

On voit, par ces quelques exemples (on pourrait en donner beaucoup d'autres), qu'il existe une variété de groupes, depuis ceux qui, comme la Ramakrishna Mission fondée en 1897 par Vivekananda, s'originent très profondément dans la tradition hindouiste (même s'ils cherchent à s'enrichir des apports d'autres traditions religieuses), jusqu'à des groupes créés très récemment en Occident, et qui « bricolent » (c'est le mot consacré des sociologues pour caractériser ces syncrétismes contemporains) des références orientales et occidentales, tout en s'adaptant très efficacement à la règle du jeu économique de la société moderne.

A côté de ce courant d'origine indienne, il faut signaler l'implantation en Occident de « nouvelles religions » qui ont fleuri au Japon et en Corée dès le XIXe et qui ont connu une extraordinaire expansion après la Seconde Guerre mondiale.

Certaines, comme la Sokka Gakai (Nishiren Shoshu), s'inscrivent dans la tradition bouddhiste. D'autres (l'Oomoto de Nao Daguchi, le Sekai Kyusei Kyo de Mokichi Okada, le Mahikari de Kotama Okada par exemple) sont issues de la révélation particulière de leur fondateur.

Ajoutons à cette évocation très partielle des syncrétismes néo-orientaux l'Église de l'unification créée par Sun Myung Moon, un Coréen presbytérien né en 1920. Dite aussi Association pour l'Unification du christianisme mondial, l'Église de l'unification voit dans son fondateur le messie qui assurera la synthèse de toutes les religions du monde. La révélation reçue par Moon est consignée dans le Principe : elle concerne l'achèvement, par lui-même, de la mission que Jésus n'a pas pu accomplir complètement, à savoir la création d'une « famille idéale » formée d'individus sans péché. Cette famille universelle se constitue à partir d'un réseau, qui doit s'élargir sans cesse par la multiplication de ces « familles idéales » dont Moon et son épouse sont les « vrais parents » : d'où l'importance de ces mariages que Moon bénit par centaines. Cette promesse d'un Royaume-Famille de Dieu sur la terre, où seraient abolies toutes les divisions culturelles et religieuses, est très représentative de ce rêve d'unité et de fraternité universelles qui fait la force d'attraction de ces courants néo-orientaux sur la jeunesse. La manière dont ces groupes, dont certains sont aussi de grandes entreprises multinationales très rentables, mettent en œuvre concrètement ces idéaux est, évidemment, une autre affaire...

— Un second ensemble des Nouveaux mouvements religieux est constitué par les mouvements de renouveau qui se développent à l'intérieur même des grandes confessions chrétiennes, protestantes et catholiques. On observe, du côté protestant la montée significative des mouvements évangéliques, fondamentalistes et pentecostaux. Du côté catholique, c'est essentiellement le développement des groupes charismatiques qui retient, depuis le début des années 70, l'attention. Dans un pays comme la France, on compte actuellement environ 1 500 groupes de prière charismatiques, liés ou non à de grandes communautés (l'Emmanuel, le Chemin Neuf, le Lion de Juda, la Fondation, etc.). Ces groupes de prière accueillent un nombre très variable de participants. Ils se réunissent au moins une fois par semaine et combinent l'expression spontanée et improvisée des participants avec la prière commune structurée (à partir de chants, de lectures de la Bible, etc.). Au moment de leur apparition, le style pentecôtiste de ces groupes était marqué par une certaine effervescence : l'expérience du baptême dans l'Esprit, la pratique de la glossolalie (ou parler en langues), les pratiques de guérison donnaient lieu à des manifestations émotionnelles assez fortes de la part des participants. Depuis que le mouvement a été authentifié par les autorités de l'Église catholique, il s'est considérablement assagi. La formation religieuse des membres est devenu un souci constant des responsables du mouvement. La pratique du discernement a permis d'éliminer les formes les plus exubérantes de l'expression religieuse. Les mouvements charismatiques sont progressivement devenus des mouvements de piété pour des fidèles par ailleurs bien intégrés à l'institution catholique, qui fait appel à eux pour des tâches d'intérêt général dans l'Église (animation de paroisse, encadrement de jeunes, etc.). Les comunautés charismatiques ont joué un grand rôle dans l'organisation des différents voyages du pape en France, et dans la réalisation du rassemblement des jeunes à Compostelle en été 1989.

— La troisième composante de ces « Nouveaux mouvements religieux » est constituée par la population, diversifiée à l'infini, des groupes et des réseaux qui sont orientés vers la maximisation du « Potentiel humain ». Leur objectif est de développer les ressources inexplorées de la personnalité individuelle en utilisant diverses techniques de prise de conscience de soi-même et de déblocage des inhibitions. Beaucoup combinent les acquis d'une psychologie vulgarisée, et des symboliques et des pratiques de contemplation, de méditation, d'ascèse empruntées aux traditions mystiques les plus diverses et les plus diversement interprétées. C'est le cas, par exemple, du mouvement EST, né en Californie, ou de la Méditation Transcendantale, qui remporte même des succès dans le domaine de la formation des cadres d'entreprise ! Certains courants cherchent à renouer avec des traditions initiatiques anciennes, de genre ésotérique (Rose-Croix par exemple). D'autres entendent réconcilier la science et la religion en une nouvelle vision du monde et de la conscience : c'est le cas de la Scientologie qui se veut à la fois, selon l'inspiration de son fondateur L. Ron Hubbard, auteur d'un livre intitulé *La Dianétique*, « science moderne de la santé mentale » et « philosophie religieuse appliquée », permettant aux individus de sortir du cycle de la vie et de la mort et d'accéder à l'immortalité. L'accès aux « états supérieurs » que vise la Scientologie coûte à ceux qui s'y engagent autant d'énergie que d'argent.

Il faut ajouter à cet ensemble des courants et des réseaux spirituels greffés sur des courants hygiénistes plus ou moins anciens, sur des courants écologistes plus récents ou encore sur des circuits de pratique des médecines « douces », etc.

Cette troisième famille de Nouveaux mouvements religieux se présente comme une véritable « nébuleuse », dont le lien avec les traditions des religions historiques est extrêmement ténu. Certains de ces groupes peuvent présenter des traits sectaires (petit nombre, accent mis sur l'intensité de l'expérience individuelle, retrait du monde, etc.), mais ce sont rarement des sectes au plein sens du terme. Une caractéristique frappante de ces groupes et réseaux est la mobilité de leurs membres. Ceux qui s'y engagent de manière permanente, ou même durable, sont très rares. La plupart du temps, les adeptes ne font que passer : ils participent à une session, à un stage de vacances, ils passent d'un groupe à l'autre, à la recherche d'expériences intéressantes, tout en continuant à mener, par ailleurs, leur vie professionnelle. Cela ne veut pas dire que leur engagement individuel dans ces expériences n'est pas intense, mais que ces groupes constituent rarement des communautés stables et durables.

Nouveaux mouvements religieux et modernité : un rapport ambigu

Le paysage des Nouveaux mouvements religieux qui vient d'être décrit est très incomplet, mais on a maintenant quelque idée de son extrême variété. Le problème qui se pose est même de savoir ce que tous ces groupes et mouvements peuvent bien avoir en commun, et ce qui les relie, de près ou de loin, aux sectes du passé.

Ce qui caractérisait les sectes anciennes, et en particulier les sectes de terrain chrétien et d'inspiration biblique, c'est la vigueur avec laquelle elles s'opposaient à la société (civile et religieuse) de leur temps, c'est la violence même avec laquelle elles rejetaient le « monde de perdition » auquel elles cherchaient à échapper.

On trouve dans quelques groupes contemporains ce refus

explicite de tout contact avec la civilisation moderne. D'autres groupes, plus nombreux (les charismatiques par exemple) développent une critique sévère d'un univers trop dominé par la technique, où les individus sont atomisés, noyés dans un environnement urbain inhumain, mesurés à leurs seules performances professionnelles, ignorés dans leurs besoins expressifs et affectifs. La communauté est alors vécue comme un lieu où chacun peut être vraiment lui-même, être reconnu par les autres dans toutes les dimensions de sa personnalité.

De façon générale, tous les groupes qui proposent à leurs adeptes une voie pour sortir de la routine quotidienne et pour accéder à une nouvelle conscience d'eux-mêmes et des autres (parfois à une nouvelle vie) expriment quelque chose d'une protestation contre une société et un mode de vie qui ne permettent pas aux individus de développer toutes leurs potentialités. La recherche d'un « retour à la nature » participe de la même protestation. Sous des formes diverses, ces courants mettent en cause, implicitement ou explicitement, cette modernité qui fait régner la concurrence, la violence, l'isolement psychologique, l'anonymat. Le point de savoir si les moyens offerts par ces différents groupes pour permettre aux individus d'échapper à leurs problèmes sont les bons, ou si certains charlatans n'exploitent pas honteusement cette demande spirituelle est une autre (et importante) question : ce qu'il faut souligner ici, c'est que la multiplication de ces groupes constitue, à sa manière, l'expression d'un refus de la règle du jeu moderne, telle qu'elle s'impose dans les sociétés avancées.

Mais en même temps, on remarque la place que tiennent dans tous ces courants — là encore sous diverses formes — la question de l'accomplissement de l'individu et celle de la réalisation de soi. Thème très différent de celui du Royaume de Dieu à instaurer qui dominait la prédication des sectes traditionnelles de terrain chrétien : les Nouveaux mouvement religieux parlent de « salut », mais souvent de manière métaphorique, pour désigner la transformation qui va s'opérer dans la vie d'un individu qui accède à une nouvelle conscience. Et là où la notion de salut garde son sens religieux traditionnel (chez les charismatiques, par exemple), l'accent est mis également, de façon particulière, sur l'expérience individuelle de la conversion et sur la nécessité pour chacun d'assurer l'authenticité de sa démarche personnelle. Cette insistance sur l'individu, sur l'expérience, sur la subjectivité, sur l'affectivité montre bien que ces mouvements appartiennent pleinement à l'univers de la modernité. L'idée que l'individu a un droit à se réaliser lui-même et à accomplir toutes ses potentialités est une idée moderne, et même une idée neuve de la modernité. Ces Nouveaux mouvements religieux, qui critiquent la société moderne, partagent pourtant les valeurs de la modernité : ce qu'ils reprochent à cette société, c'est justement de ne pas créer les conditions qui permettraient à ces valeurs de se réaliser.

Ce qui caractérise les Nouveaux mouvements religieux, aussi bien ceux qui s'enracinent dans des traditions religieuses anciennes que ceux qui se présentent comme de « nouvelles religions », c'est l'ambiguïté de leur rapport au monde moderne : ils s'en séparent, ils le contestent, et en même temps ils en font partie et ils en partagent certaines valeurs.

Si l'on a bien saisi ce paradoxe, on comprend mieux ce qui fait le succès des Nouveaux mouvements religieux. Qui trouve-t-on dans ces groupes ? Beaucoup de techniciens, d'intellectuels moyens (enseignants, étudiants), des travailleurs sociaux, des cadres commerciaux de niveau moyen, des personnels paramédicaux, des animateurs culturels, etc. Ce ne sont pas là des professions qui vivent « hors modernité » : bien au contraire, c'est le développement moderne qui a produit l'émergence et l'expansion de ces professions. Ceux qui appartiennent à ces catégories ont une formation, des diplômes : pour autant, ce ne sont pas les premiers bénéficiaires de l'expansion économique. Souvent même, il y a un décalage qu'ils ressentent vivement entre leur niveau de culture et de formation, et la reconnaissance sociale dont ils bénéficient. Ils ont un désir fort de sortir de cette vie moyenne, un peu routinière, de s'épanouir personnellement, de s'exprimer davantage (plus en tout cas que dans l'exercice de leur profession). Mais ils ne croient plus guère, dans ces années 80, que ce changement de leur vie dépend d'un changement politique. Ils sont convaincus au contraire que c'est à chacun de trouver son propre chemin et de donner un sens personnel à son existence. Pour certains, ce sera en voyageant. Pour d'autres, en faisant du sport ou de la randonnée. Pour d'autres, ce désir d'aventure personnelle, hors de la vie ordinaire, s'orientera vers l'exploration de nouveaux chemins spirituels...

Attention, bien sûr, de ne pas plaquer mécaniquement ce schéma d'interprétation sur la réalité. Chaque histoire individuelle, dans le domaine religieux comme dans tout autre domaine, est une histoire singulière. Et la tendance indiquée ici n'est présentée que pour établir la proximité et la différence entre les mouvements contemporains et les mouvements religieux protestataires du passé. Ces derniers ont fréquemment rassemblé des pauvres, des opprimés, des victimes du changement social qui attendaient un renversement de leur sort dans un monde radicalement nouveau. Les sectes qui prolifèrent aujourd'hui dans les pays du Tiers Monde tirent leur succès phénoménal de ce qu'elles mobilisent l'espoir des désespérés. Mais les Nouveaux mouvements religieux en Occident attirent plutôt ceux qui ne reçoivent pas de la société moderne tout ce qu'ils pensent qu'elle pourrait leur donner : les sociologues parlent, à leur propos, de « frustration relative ». Encore une fois, cette approche des mouvements contemporains ne dit pas tout de ce qu'ils sont, ni des raisons de leur développement. Elle vise simplement à identifier les besoins sociaux qui favorisent leur développement :

— Besoin de significations individuelles et collectives, dans un monde qui change très vite, qui a perdu ses repères traditionnels et qui a perdu aussi (à cause de la crise économique dans les sociétés libérales, à cause de la faillite des sociétés socialistes, à cause de la montée du risque écologique) une partie de la confiance dans le progrès scientifique et technique dont se nourrissaient les grandes idéologies, vivaces jusqu'à la fin des années 60.

— Besoin de communauté, dans des sociétés dominées par l'individualisme d'une part, et par le gigantisme des grands ensembles urbains qui sécrète l'anonymat d'autre part. La famille élargie, le village, la paroisse, le quartier ne fournissent plus aux individus les ancrages sociaux dont il a besoin. La dislocation de ces communautés traditionnelles a servi la liberté de l'individu, mais elle a aussi produit son isolement, jusqu'à l'insupportable. La demande de lien social s'exprime aussi à travers ce pullulement communautaire néo-religieux.

— Besoin d'identité enfin, dans une société que la mobilité et le changement rapide privent de sa mémoire. Le « retour au religieux » est une des manières qu'ont aujourd'hui les individus de reconstruire leur identité personnelle, soit en renouant avec un enracinement religieux dont ils sont effectivement issus, soit en s'inscrivant dans une « filiation imaginaire » (celle par exemple qui les lie au fondateur) qui leur permet de s'inventer une mémoire.

Que penser de ces « renouveaux religieux » ? Est-ce bon ? Est-ce mauvais ? Le sociologue, par définition, ne répond pas à cette question. Il essaye, simplement, de comprendre, pourquoi et comment ce phénomène social se produit, à tel moment, dans telle société.

Reste ensuite à juger, et c'est à chacun de le faire. On connaît les éléments du débat : certains individus trouvent, dans ces groupes religieux, un véritable épanouissement. D'autres y font l'expérience de la destructuration psychologique et de l'aliénation. Certains groupes témoignent d'une recherche spirituelle profonde et respectueuse des personnes. D'autres sont des entreprises charlatanesques pratiquant l'escroquerie à grande échelle et mettant en péril la santé physique et morale de leurs adeptes. Certains prônent, pour lutter contre ces excès, une « législation anti-sectes ». Mais quel juge dira où finit la religiosité authentique et où commence la manipulation ? La liberté de conscience et la liberté religieuse sont parmi les biens les plus précieux des sociétés démocratiques, qu'il faut préserver à tout prix. L'application rigoureuse de la loi (en matière d'ordre public, de protection des mineurs, de sécurité des biens et des personnes, de fiscalité, etc.) devrait permettre de mettre hors d'état de nuire ceux qui exploitent la foi et la générosité des individus. La loi doit aussi protéger, avec la même rigueur, le droit à l'expression des minorités, y compris dans le domaine religieux.

BIBLIOGRAPHIE

FRANÇOISE CHAMPION, DANIÈLE HERVIEU-LÉGER, (éd.), *De l'émotion en religion. Tradition et renouveaux* Paris, Centurion, 1989.

Dans *L'état des Religions* (cf. la bibliographie de la 1ère Conférence), voir l'article de DANIÈLE HERVIEU-LÉGER « Vers un christianisme de communautés émotionnelles ? »

FRÉDÉRIC LENOIR, *Les communautés nouvelles. Interview des fondateurs,* Paris, Fayard, 1988.

JEAN-FRANÇOIS MAYER, *Les sectes. Non conformismes chrétiens et nouvelles religions,* Paris, Cerf, 1987, (coll. « Bref »).

JEAN-BRUNO RENARD, *Les extra-terrestres,* Paris, Cerf, 1988 (coll. « Bref »).

ALBERT SAMUEL, *Les religions aujourd'hui,* Paris, Ed. Ouvrières, 1988, chap. VII : Les sectes.

BRYAN WILSON, *Les sectes religieuses,* Paris, Hachette, 1970.

TABLE DES MATIÈRES

COLLECTION

« L'Histoire à vif »

Cardinal Wyszynski : *Notes de prison.*
Jean-Paul Bourre : *Bob Dylan. Vivre à plein.*
François Charles : *La Génération défroquée.*
Frei Betto : *Entretiens sur la religion avec Fidel Castro.*
François Malley : *Le père Morelli, de Dachau à Netza.*
Carl Friedrich von Weizsächer : *Le temps presse.*
Mgr Teodoro C. Bacani : *Église et politique aux Philippines.*
Daniel Perrot : *Les Fondations de la Mission de France.*
Hélène Falconetti : *« Falconetti ».*
Charles Antoine : *Les Catholiques brésiliens sous le régime militaire (1964-1985).*
Téofilo Cabestrero : *Le Cri du Nicaragua.*
Émile Poulat : *Poussières de raison.*
Giancarlo Zizola : *Dialogue de la Grande Muraille.*
Geneviève Reynaud : *Sortir du ghetto.*
Bernard Ugeux : *Les Petites Communautés chrétiennes.*
Pedro Meca Zuazu : *La vie, la nuit.*
André Jacques : *Une indomptable énergie, Madeleine Barot.*
Mahmud Darwish : *Poèmes palestiniens.*
Christian Weber : *Vivre en R.D.A. Pourquoi je reste !*
Jean-François Théry : *Pour en finir une bonne fois pour toutes avec la censure.*
Edgard Weber, Georges Reynaud : *Croisade d'hier, Djihad d'aujourd'hui.*
Jean-François Mayer : *Confessions d'un chasseur de sectes.*
Nilo Agostini : *L'Option communautaire.*
Meir Mendes : *Le Vatican et Israël.*
Maxime Steinberg : *Les yeux du témoin et le regard du borgne.*
Émilio F. Mignone : *Les Disparus d'Argentine.*
Collectif sous la direction de Danièle Hervieu-Léger : La Religion au lycée.

HORS SÉRIE

Paul Gauthier : *Chronique du Procès Barbie.*
J.-F. Collinot : *Drogue, la tête à l'enfer.*

Achevé d'imprimer le 30 août 1990
dans les ateliers de Normandie Impression S.A.
à Alençon (Orne)
N° d'imprimeur : 901570
N° d'éditeur : 9064

Dépôt légal : septembre 1990